CINDY MERY GAVIOLI-PRESTES
MARINA CHIARA LEGROSKI

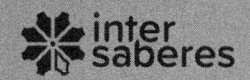

SÉRIE LÍNGUA PORTUGUESA EM FOCO

inter
saberes

Introdução à sintaxe e à semântica da língua portuguesa

2ª edição

inter saberes

Rua Clara Vendramin, 58 • Mossunguê • CEP 81200-170 • Curitiba • PR • Brasil
Fone: (41) 2106-4170 • www.intersaberes.com • editora@intersaberes.com

---

Dr. Alexandre Coutinho Pagliarini;
Dr.ª Elena Godoy; Dr. Neri dos Santos e
M.ª Maria Lúcia Prado Sabatella •
conselho editorial

Lindsay Azambuja • editora-chefe

Ariadne Nunes Wenger • gerente editorial

Daniela Viroli Pereira Pinto • assistente editorial

Monique Francis Fagundes Gonçalves • edição de texto

Luana Machado Amaro • design de capa

ArtKio e marekuliasz/Shutterstock • imagens de capa

Raphael Bernadelli • projeto gráfico

Sincronia Design • diagramação

Regina Claudia Cruz Prestes • iconografia

Dados Internacionais de Catalogação na Publicação (CIP)
(Câmara Brasileira do Livro, SP, Brasil)

Gavioli-Prestes, Cindy Mery
  Introdução à sintaxe e semântica da língua portuguesa / Cindy Mery Gavioli-Prestes, Marina Chiara Legroski. -- 2. ed. -- Curitiba, PR : Editora InterSaberes, 2023. -- (Série língua portuguesa em foco)

  Bibliografia.
  ISBN 978-85-227-0692-1

  1. Língua portuguesa – Estudo e ensino 2. Semântica I. Legroski, Marina Chiara. II. Título. III. Série.

23-155642   CDD-469.07

Índices para catálogo sistemático:
1. Língua portuguesa : Estudo e ensino   469.07
Eliane de Freitas Leite – Bibliotecária – CRB 8/8415

1ª edição, 2015.
2ª edição, 2023.

Foi feito o depósito legal.

Informamos que é de inteira responsabilidade das autoras a emissão de conceitos.

Nenhuma parte desta publicação poderá ser reproduzida por qualquer meio ou forma sem a prévia autorização da Editora InterSaberes.

A violação dos direitos autorais é crime estabelecido na Lei n. 9.610/1998 e punido pelo art. 184 do Código Penal.

sumário

apresentação, ix

organização didático-pedagógica, xii

- um   Morfossintaxe da língua portuguesa, 15
- dois   Estrutura da sentença, 35
- três   Tipos de sentença e sua significação, 53
- quatro   Significação e palavras, 73
- cinco   Papéis semânticos, 89
- seis   Elementos anafóricos, 105

considerações finais, 119

referências, 121

bibliografia comentada, 123

respostas, 129

sobre as autoras, 133

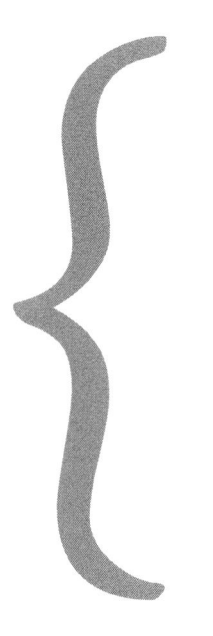

{

Para quem gosta de certezas e seguranças, tenho más notícias: a gramática não está pronta. Para quem gosta de desafios, tenho boas notícias: a gramática não está pronta. Um mundo de questões e problemas continua sem solução, à espera de novas ideias, novas teorias, novas análises, novas cabeças.

Mário A. Perini

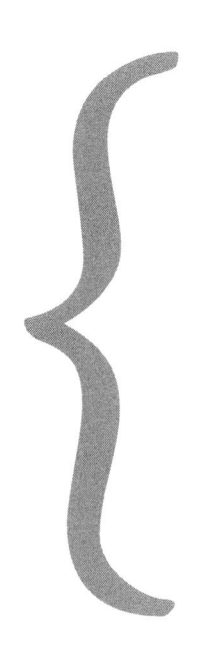

{

apresentação

O ESTUDO DA linguagem é feito sob diferentes pontos de vista. A linguagem pode ser observada pelo viés pragmático, por exemplo, em que as relações do contexto são muito relevantes para sua compreensão. Da mesma forma, ela pode ser observada pelos olhos da sintaxe, em que o contexto não tem tamanha importância, mas o que está em jogo, *grosso modo*, é se uma sentença faz ou não parte do "repertório" de uma determinada língua. Há também o ponto de vista semântico, pelo qual a linguagem pode ser examinada pelo seu significado, pelas relações entre as palavras e as coisas no mundo – ou naquilo que acreditamos ser o "mundo". Esse tipo de estudo pode e deve ser feito sob diferentes perspectivas, para que a linguagem possa ser visualizada nas suas mais variadas formas. Portanto, é seguro dizer que não há uma maneira mais adequada de pesquisá-la ou de estudá-la. Todas as formas são válidas e têm seus méritos.

A linguagem é um campo de pesquisa bastante amplo e encantador que merece ter esses olhares diferenciados voltados para ela. Aliás, há muito para se pesquisar e descobrir. O que estudaremos neste livro é apenas uma parte de tudo o que envolve esse fenômeno incrível da natureza humana. Assim, esperamos que o aluno do curso de Letras que acompanhará este percurso tenha sua curiosidade despertada e que passe a perceber a variedade de fenômenos intrigantes – e de perguntas sem resposta! – que a língua nos mostra. Esta obra se destina ao graduando em Letras que, no contexto dos estudos de estrutura da língua portuguesa, se interessa por aspectos das sentenças do português, sua organização interna e seus possíveis significados.

Neste livro, faremos o estudo da linguagem sob duas abordagens: a da sintaxe e a da semântica. Com isso, verificaremos o funcionamento da linguagem nesses dois âmbitos, com o intuito de tornar os leitores aptos a refletir e compreender certos fenômenos que ocorrem nessas duas áreas, bem como a trabalhar esses assuntos com seus futuros alunos, levando-os, também, a pensar cientificamente a linguagem.

O objetivo desta obra é levar o leitor a compreender os aspectos sintáticos e semânticos da língua portuguesa, isto é, estudaremos nossa língua por sua estrutura (sintaxe) e pelos significados que veiculamos (semântica).

No Capítulo 1, trabalharemos a morfossintaxe da língua portuguesa: apesar de parecer um assunto complexo, nada mais é do que apresentar as palavras e suas relações dentro da sentença.

Com base nesse estudo, primeiramente observaremos, no Capítulo 2, de que maneira podemos analisar nossa língua em sua estrutura sintagmática e funcional para em seguida, no Capítulo 3, nos voltarmos à organização das sentenças da língua.

Já no Capítulo 4, partiremos para a significação tanto de palavras quanto de períodos. No Capítulo 5, veremos os papéis semânticos e as funções que exercem nas sentenças. Finalmente, no Capítulo 6, estudaremos os elementos anafóricos presentes em nossa língua, relevantes para a comunicação e o entendimento de diferentes enunciados.

O principal intuito desta obra é promover uma ótima noção do funcionamento e da organização das sentenças da língua portuguesa.

organização didático-pedagógica

Esta seção tem a finalidade de apresentar os recursos de aprendizagem utilizados no decorrer da obra, de modo a evidenciar os aspectos didático-pedagógicos que nortearam o planejamento do material e como o aluno/leitor pode tirar o melhor proveito dos conteúdos para seu aprendizado.

Introdução do capítulo

Logo na abertura do capítulo, você é informado a respeito dos conteúdos que nele serão abordados, bem como dos objetivos que o autor pretende alcançar.

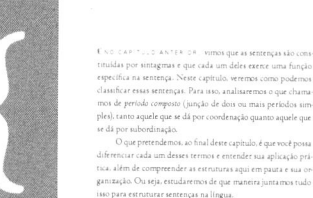

Síntese

Você conta, nesta seção, com um recurso que o instigará a fazer uma reflexão sobre os conteúdos estudados, de modo a contribuir para que as conclusões a que você chegou sejam reafirmadas ou redefinidas.

Ao final do capítulo, o autor oferece algumas indicações de livros, filmes ou sites que podem ajudá-lo a refletir sobre os conteúdos estudados e permitir o aprofundamento em seu processo de aprendizagem.

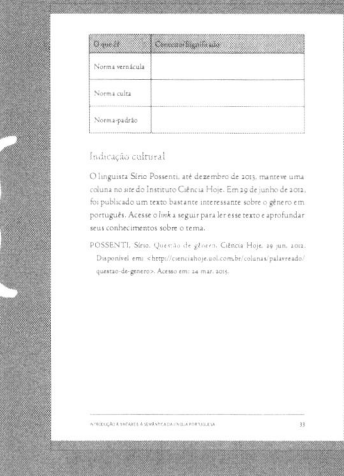

Atividades de autoavaliação

Com estas questões objetivas, você tem a oportunidade de verificar o grau de assimilação dos conceitos examinados, motivando-se a progredir em seus estudos e a se preparar para outras atividades avaliativas.

Atividades de aprendizagem

Aqui você dispõe de questões cujo objetivo é levá-lo a analisar criticamente determinado assunto e aproximar conhecimentos teóricos e práticos.

Considerações finais

Nesta seção, você encontra comentários acerca de algumas obras de referência para o estudo dos temas examinados.

# um	Morfossintaxe da língua portuguesa
dois	Estrutura da sentença
três	Tipos de sentença e sua significação
quatro	Significação e palavras
cinco	Papéis semânticos
seis	Elementos anafóricos

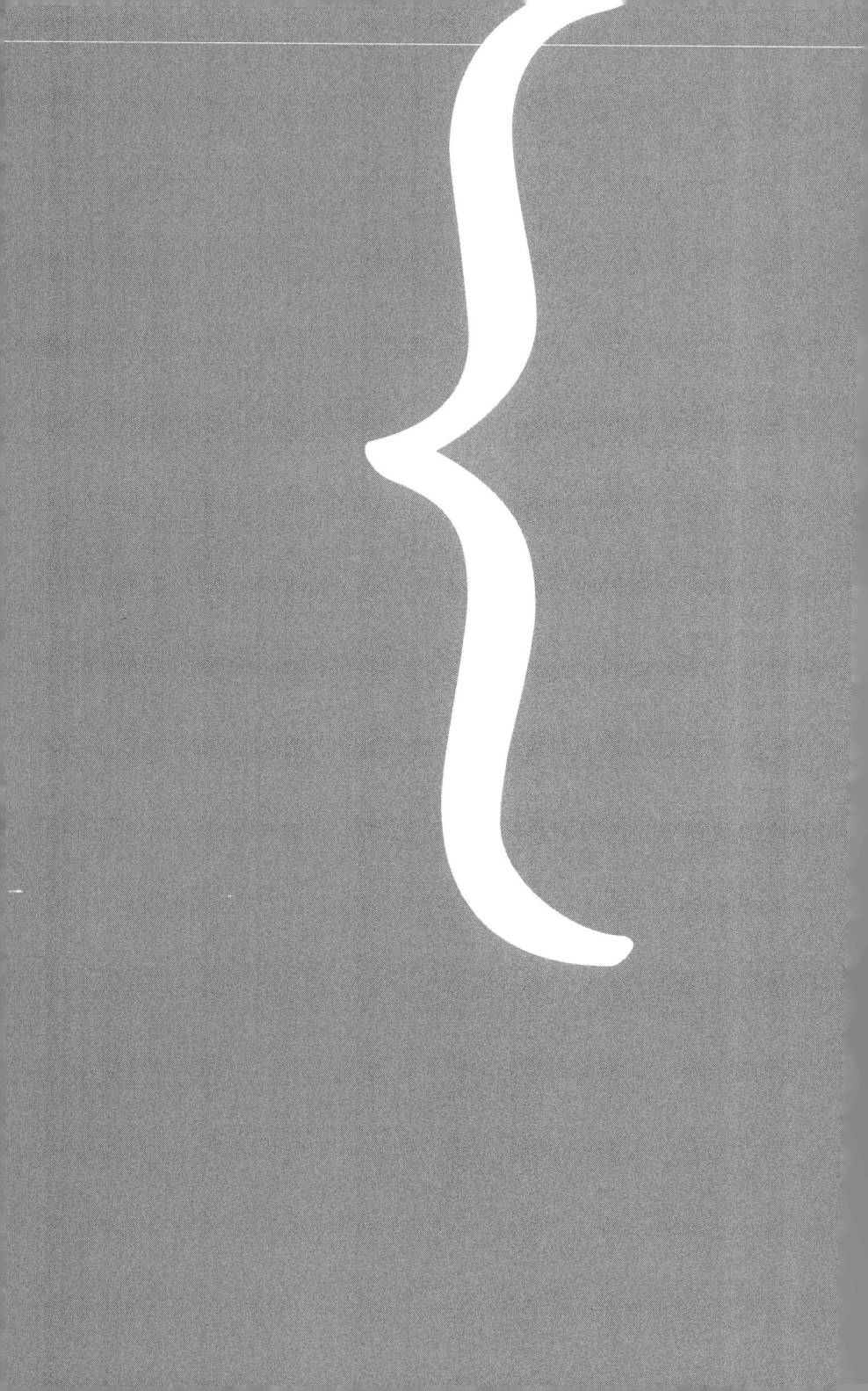

❰ A GRAMÁTICA DE uma língua é formada por diferentes módulos, a saber: fonética, fonologia, morfologia, sintaxe, semântica e pragmática. Vejamos, no esquema a seguir, uma das formas de considerar a estrutura gramatical de uma língua.

Figura 1.1 – Níveis de análise linguística

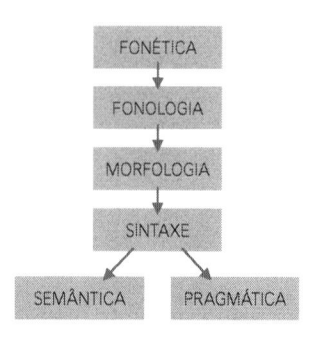

```
FONÉTICA
   ↓
FONOLOGIA
   ↓
MORFOLOGIA
   ↓
SINTAXE
  ↙   ↘
SEMÂNTICA  PRAGMÁTICA
```

Inicialmente, temos os sons de uma língua, os quais são observados tanto pela fonética quanto pela fonologia. Na sequência, há os morfemas, que se juntam e formam as palavras – fato estudado pela morfologia. Depois disso, as palavras se juntam e formam as sentenças, fenômeno analisado e estudado pela sintaxe. A semântica se encarrega do estudo do significado, e a pragmática, do uso que os falantes fazem dessas sentenças e de aspectos ligados ao contexto, ou seja, de coisas que estão fora do âmbito da língua. Portanto, a gramática de uma língua contempla diversos níveis de análise. No entanto, seguindo um dos princípios linguísticos universais, nada em uma língua funciona sozinho. É por isso que há uma conexão entre esses diferentes níveis. Essa relação recebe o nome de interface.

Quando dizemos, por exemplo, que estamos verificando um fenômeno linguístico sob o olhar da interface entre a morfologia e a sintaxe, estamos observando os aspectos morfossintáticos. Nosso tema de estudo neste capítulo será justamente a morfossintaxe.

umpontoum
Morfologia

A morfologia não só engloba assuntos referentes à formação de palavras, mas também estabelece critérios para que possamos classificá-las. Não vamos entrar aqui no mérito de como os morfemas se juntam para formá-las. O objetivo é focar nas palavras em si e em suas classificações.

Ao analisarmos as palavras da língua portuguesa, por exemplo, e verificarmos as características presentes em cada uma delas, buscamos fazer uma relação com as palavras que apresentam esses mesmos aspectos e colocá-las como pertencentes a uma classe específica. Com base na reflexão de filósofos e gramáticos, essas classes foram sendo estabelecidas até chegarmos ao que, atualmente, temos na gramática tradicional, que estudamos durante os anos escolares: as dez classes de palavras. São elas:

1. Substantivo
2. Artigo
3. Adjetivo
4. Verbo
5. Advérbio
6. Pronome
7. Conjunção
8. Preposição
9. Numeral
10. Interjeição

Muito se tem discutido a respeito da nomenclatura e do número de classes de palavras. Nosso intuito aqui não é retratar essa discussão, tampouco expor a conceituação dada pela gramática tradicional. Daremos um passo adiante: vamos apresentar algumas questões sobre essas classes (ou seja, problematizar), bem como a nomenclatura usada na literatura acadêmica.

Antes de prosseguirmos, sugerimos que o leitor retome essas classes de palavras estudadas desde a educação básica. A ideia é apenas relembrar a conceituação de cada uma delas.

Um dos conceitos apresentados é o de substantivo, definido como a palavra que dá "nome" às coisas, ou, ainda, que nomeia os seres. No entanto, o que se quer dizer com "seres" e "coisas"? Palavras como *amor, saudade, compaixão* não são exatamente seres nem coisas, como *cachorro* e *pessoa* etc. Os artigos são considerados como palavras que definem ou indefinem substantivos; no entanto, podemos encontrar pronomes realizando esse mesmo papel, por exemplo, nas sentenças abaixo, em que *este* e *algum* são, respectivamente, pronome demonstrativo e pronome indefinido.

Este menino fugiu.
Algum menino fugiu.

O adjetivo é entendido como a palavra que dá uma característica para o substantivo. No entanto, temos uma discussão bastante interessante em Mattoso Câmara Jr. (1970) sobre a questão do substantivo e do adjetivo. O autor cita os seguintes exemplos:

Um marinheiro brasileiro.
Um brasileiro marinheiro.

Em geral, diz-se que *marinheiro* seria o substantivo nas duas sentenças, enquanto *brasileiro* seria um adjetivo em ambas. Entretanto, o que o grande linguista brasileiro busca mostrar é que na primeira sentença temos um marinheiro cuja nacionalidade é brasileira e, por isso, *brasileiro* seria adjetivo e *marinheiro* seria substantivo, o que não é nada diferente do que as gramáticas preveem. Contudo, na segunda sentença, teríamos *brasileiro* como substantivo e *marinheiro*, que representa sua profissão, como adjetivo.

A propósito, esse linguista, em sua obra inacabada, reduz as classes de palavras a apenas três. Ele as classifica de uma forma mais homogênea e passa a dizer que teríamos como classes de palavras apenas nome, verbo e pronome.

Reflexões como essas nos levam a repensar toda a questão das classes de palavras.

O que queremos com essas ideias é apenas tentar aumentar o senso crítico de cada falante de língua portuguesa em relação a essa nomenclatura.

A discussão sobre as classes gramaticais e, em especial, sobre os critérios usados para diferenciá-las tem sido feita por vários linguistas.

Muitos dizem, por exemplo, que classes como interjeição e numeral seriam parte da classe do substantivo, afinal, estariam dando nomes a alguns sons e números. Assim, vamos partir da mesma ideia que já temos sobre essas classes, para então discutirmos um pouco mais sobre elas.

Quando classificamos uma palavra como pertencente a uma classe de palavras, dizemos que estamos fazendo a análise mórfica (ou morfológica) dessa palavra.

Para compreendermos melhor, vejamos como exemplo a sentença a seguir:

O rapaz alto comprou belas flores para aquela menina simpática.

Nessa sentença, temos dez palavras. Como sabemos disso? De fato, uma conceituação precisa de *palavra* ainda está para ser desenvolvida. Muitos afirmam que seria um conjunto de letras com significado e que apresentam como fronteira um espaço de cada lado. Vamos utilizar essa conceituação daqui por diante.

Retomando nosso raciocínio, temos no exemplo dez palavras, e cada uma delas tem suas características – tanto de significado quanto de função na sentença. Como vimos, é em razão dessas características que essas palavras se encaixam em determinadas classes.

Vamos, então, separá-las em classes. Primeiramente, vale a pena você tentar classificá-las sozinho e, depois, retornar para este texto para ver como seria a classificação e, assim, conferir como está sua memória em relação a esses nomes.

Pronto?

No quadro a seguir, vemos as palavras e a classificação que elas recebem de acordo com a gramática tradicional.

Quadro 1.1 – Classificação gramatical tradicional

O	Artigo
rapaz	Substantivo
alto	Adjetivo
comprou	Verbo
belas	Adjetivo
flores	Substantivo
para	Preposição
aquela	Pronome
menina	Substantivo
simpática	Adjetivo

A primeira palavra, *o*, é um artigo definido masculino e singular. Temos, ainda, outros artigos, definidos e indefinidos, que podem sofrer tanto flexão de número quanto de gênero.

Mas o que seria flexão de gênero e de número? Vejamos o quadro a seguir.

Quadro 1.2 – Flexões morfológicas

Gênero	Masculino	Feminino
Número	Singular	Plural

Vale lembrar que *masculino* e *singular* são conhecidos também como *não marcados*, enquanto *feminino* e *plural* são chamados de *marcados*. Vamos discutir melhor essas questões mais adiante.

Retomando a sentença que estamos analisando, a segunda palavra, *rapaz*, bem como *flores* e *menina* são substantivos. A terceira palavra, *alto*, assim como as palavras *belas* e *simpática* são classificadas como adjetivos. Se você observar com atenção, poderá verificar que, como no caso do artigo, já mencionado, tanto substantivos quanto adjetivos sofrem flexão de gênero e de número.

Observe, aliás, que a palavra usada é *gênero*, e não *sexo*. Portanto, não estamos falando que uma palavra serve para coisas de "homem" ou de "mulher", por exemplo; estamos na verdade apresentando que tipo de estrutura ela tem (note que não há nada em uma cadeira que remeta ao sexo feminino, mas a palavra em si carrega o gênero feminino: *a cadeira*). Quanto ao número, dizemos que o plural tem um morfema [-s] no final da palavra, enquanto o singular não tem (morfema zero, ou Ø).

Da mesma forma, quanto ao gênero, de acordo com Mattoso Câmara Jr. (1970), como o masculino não teria marca alguma (morfema zero), funcionaria como gênero neutro (por exemplo, quando há homens e mulheres numa sala e nos referimos a esse conjunto de pessoa como *eles*), ao passo que o feminino seria marcado (com o morfema de feminino [-a]).

> Então, se o masculino não é marcado, é por isso que, normalmente, quando há palavras masculinas e femininas em um mesmo contexto, usamos o masculino?
> Exatamente!

Podemos dizer, em suma, que o artigo determina o gênero e o número do substantivo e que, por sua vez, o adjetivo concorda com os dois. Dessa forma, podemos afirmar que há concordância.

Continuando com as palavras do exemplo, a próxima é *comprou*, um verbo que se refere ao passado e à terceira pessoa do discurso (ele).

Vamos relembrar quais são as pessoas do discurso?

1ª pessoa – EU
2ª pessoa – TU/VOCÊ
3ª pessoa – ELE/ELA
4ª pessoa – NÓS
5ª pessoa – VÓS/VOCÊS
6ª pessoa – ELES/ELAS

Então, o verbo não sofre as mesmas variações que as outras classes que vimos anteriormente. Na verdade, podemos indicar (marcar) num verbo características como tempo, aspecto, modo, pessoa e número (ou seja, número aparece em todas as classes que vimos até agora).

Depois do verbo, temos uma preposição (*para*), uma palavra que não tem nenhuma dessas marcas. *Grosso modo*, a preposição serve para ligar palavras (enquanto a conjunção serve para ligar frases).

A última palavra da sentença para analisarmos é *aquela*, um pronome demonstrativo. A classe dos pronomes é subdivida em outras subclasses. Apesar de algumas apresentarem marcas de número e gênero, não são todas que as têm. Pronomes indefinidos (como *quem* e *alguém*), por exemplo, não apresentam esse tipo de marca. Sobre os pronomes, ainda veremos outra questão muito importante no próximo capítulo.

Outro ponto que vale a pena observar é que o artigo vem antes do substantivo, enquanto o adjetivo, geralmente, vem depois. Se colocamos um artigo antes de um verbo, por exemplo, este passa a ser um substantivo, como em "O amar é maravilhoso".

É dessa forma, portanto, que podemos fazer a análise mórfica de uma sentença: identificando o nome da classe a que pertence cada uma das palavras. Podemos somente indicar o nome da classe e, apenas quando necessário, apresentar as subdivisões de cada uma.

Não podemos confundir análise mórfica com análise sintática. Essa análise será vista no próximo capítulo.

É importante ressaltar que a forma como a linguística atual denomina alguns desses termos é diferente da que estamos vendo. Conhecer essa nomenclatura será importante para o restante deste livro, em especial para o Capítulo 2. Assim, temos que o substantivo é chamado de *nome*; tanto o artigo quanto os pronomes demonstrativos e possessivos são chamados de *determinantes*.

As outras classes não mudam de nomenclatura, e algumas, como interjeição, numeral e conjunção, têm um tratamento diferenciado que não cabe aqui ser explicitado.

Síntese

A principal ideia deste capítulo foi apresentar a análise mórfica e relacionar as classes gramaticais com a sentença, observando o tipo de relação existente entre elas.

Relembrar as classes de palavras vistas ao longo da vida escolar é muito importante para o estudo que será feito ao longo deste livro.

Atividades de autoavaliação

1. Observe as sentenças abaixo e assinale as alternativas em que a concordância está de acordo com a norma culta:
   a. Pedro e Maria, segundo a investigação policial finalizada ontem, assumiu a culpa do delito.
   b. Os meninos que são inteligente foram bem na prova.
   c. Aquelas meninas que estão segurando um balão colorido são da escola da minha filha.
   d. A linda menina tem grandes amigas.

2. As palavras destacadas nas sentenças a seguir estão em "um conjunto" e apresentam um determinado gênero e número. Indique quais são eles usando M para masculino, F para feminino, S para singular e P para plural. Em seguida, assinale a alternativa que apresenta a resposta correta:

I. O policial nervoso ( ) foi visto comprando uma roupa nova ( ) no *shopping*.
II. As pessoas ( ) precisam compreender a nossa nova realidade ( ).
III. Choveu muito ontem à noite nas casas da periferia ( ).
IV. Os incríveis poderes da moça de vermelho ( ) acabaram ontem.

a. MS, FS; FP, FS; FP; MP.
b. MP, FP; FS, FS; FP; MP.
c. MP, FS; FS, FS; FP, FS; MP, FS, MS.
d. MP, FS; FS, FP; FP; MS.

3. Leia as afirmações a seguir e depois assinale a alternativa correta:
I. Podemos dizer que os substantivos, os adjetivos e os artigos apresentam variação de gênero e número, enquanto os verbos têm variação de número, pessoa, modo e tempo.
II. Se o artigo está no plural e o substantivo no singular, o adjetivo referente a eles obrigatoriamente tem de estar no plural.
III. Palavras como *amizade, paixão, medo, carro, mesa, enxame, João* e *beleza* são substantivos.
IV. Palavras como *alegre, feliz, belo, insuportável* e *grande* são adjetivos, enquanto palavras como *alegremente* e *felizmente* são advérbios.
V. A diferença entre artigos definidos e indefinidos é que um define o termo a que se refere, enquanto o outro indefine.
VI. *Chover, sorrir, nascer, morrer, chegar, correr, sair, comer, estar, ser* e *ficar* são verbos somente pelo fato de que dão uma ideia de ação.

Sobre esses enunciados, podemos afirmar:
a. Apenas as afirmações III e IV estão erradas.
b. Apenas as afirmações II e VI estão corretas.

c. Todas as afirmações estão erradas.
d. As afirmações I, III, IV e V estão corretas.

4. Assinale a alternativa que responde adequadamente ao que se pede em cada caso.

I. Em "Pedro correu pela sala", é substantivo:
   a. Pedro
   b. correu
   c. pela
   d. sala

II. Em "Subi numa árvore enorme e bonita", os adjetivos são:
   a. Subi; árvore
   b. numa; e
   c. árvore; enorme
   d. enorme; bonita

III. Em "Nasceu, evoluiu, morreu" temos:
   a. um verbo.
   b. dois verbos.
   c. três verbos.
   d. nenhum verbo.

IV. Em "Pedi um favor ao meu amigo ontem", temos:
   a. um advérbio.
   b. dois advérbios.
   c. dois verbos.
   d. três substantivos.

a. I – a; II – c ; III – b; IV – c.
b. I – a, d; II – d; III – c; IV – a.

c. I – b; II – c, d; III – c; IV – b.
d. I – d; II – b; III – a; IV – d.

5. Numere as alternativas de acordo com o que está sendo pedido:
I. Sentença que contém quatro substantivos, dois verbos, duas conjunções, uma preposição, dois advérbios.
II. Sentença que contém dois substantivos, três adjetivos, um verbo, uma preposição, uma conjunção.
III. Sentença que contém dois advérbios, um substantivo, um adjetivo, um verbo, um artigo.
IV. Sentença que contém dois artigos, dois substantivos, dois adjetivos, dois verbos, um advérbio, uma conjunção.

( ) O rapaz forte corria enquanto o rapaz fraco andava vagarosamente.
( ) Maria gosta de roupas caras, bonitas e modernas.
( ) A bela mulher correu rapidamente ontem.
( ) Lucas e Luan não são amigos, mas não gostam de brigas.

Atividades de aprendizagem

1. Faça uma pesquisa em materiais didáticos de diferentes anos escolares, observe como cada uma das classes gramaticais é trabalhada e faça anotações a respeito. Investigue, também, de que forma esse trabalho é feito com os alunos. Depois de feita a pesquisa, escolha uma das classes gramaticais e um dos anos escolares e descreva como você daria uma aula sobre esse tema.

2. Escreva sentenças do português brasileiro conforme as orientações apresentadas em cada caso:
   a. Uma sentença com dois substantivos, um verbo, uma preposição, um artigo.
   b. Uma sentença com um artigo, um substantivo, um adjetivo, um verbo, um advérbio.
   c. Uma sentença com dois substantivos, dois adjetivos, dois artigos, dois verbos, uma conjunção.
   d. Uma sentença com dois substantivos, um verbo, um advérbio.

3. Observe as sentenças e a análise morfológica de cada uma delas. As frases foram escritas por alunos de diferentes anos escolares. Corrija cada análise e explique por que não estão de acordo com a norma culta:
   a. Pedro comprou uma torta de maçã para sua esposa ontem.
      Substantivos: *Pedro, torta, de, maçã, esposa*
      Verbos: *comprou, para*
      Artigos: *uma, sua*
      Advérbio: *ontem*
   b. Aquele menino ama muito essa menina aqui.
      Substantivos: *menino, menina, aqui*
      Verbo: *ama*
      Pronomes: *aquele, essa*
      Advérbio: *muito*

c. Os estudantes inteligentes terminaram a prova difícil bem cedo.
Substantivos: *estudantes, prova, cedo*
Artigos: *os, a*
Adjetivos: *inteligentes, difícil, bem*
Verbo: *terminaram*

d. O diretor da empresa de eletrodomésticos demitiu cem funcionários ontem.
Substantivos: *diretor, empresa, eletrodomésticos, demitiu, funcionários*
Artigos: *o, a*
Numeral: *cem*
Preposições: *de, de*
Advérbio: *ontem*

e. Norma culta e norma padrão são conceitos diferentes.
Substantivos: *norma, norma, conceitos*
Preposição: *e*
Verbo: *ser*
Adjetivo: *diferentes*

4. A sentença "e" da atividade anterior assevera que norma culta e norma-padrão são conceitos diferentes. Você sabe qual é essa diferença? E em relação à norma vernácula? Procure a diferença entre esses conceitos e a língua coloquial e anote as respostas no quadro a seguir.

O que é?	Conceito/Significado
Norma vernácula	
Norma culta	
Norma-padrão	

Indicação cultural

O linguista Sírio Possenti, até dezembro de 2013, manteve uma coluna no *site* do Instituto Ciência Hoje. Em 29 de junho de 2012, foi publicado um texto bastante interessante sobre o gênero em português. Acesse o *link* a seguir para ler esse texto e aprofundar seus conhecimentos sobre o tema.

POSSENTI, Sírio. Questão de gênero. Ciência Hoje, 29 jun. 2012. Disponível em: <http://cienciahoje.uol.com.br/colunas/palavreado/questao-de-genero>. Acesso em: 24 mar. 2015.

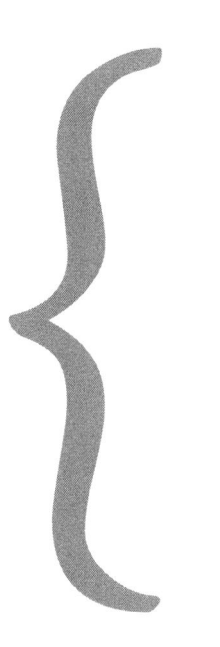

{

um	Morfossintaxe da língua portuguesa
# **dois**	**Estrutura da sentença**
três	Tipos de sentença e sua significação
quatro	Significação e palavras
cinco	Papéis semânticos
seis	Elementos anafóricos

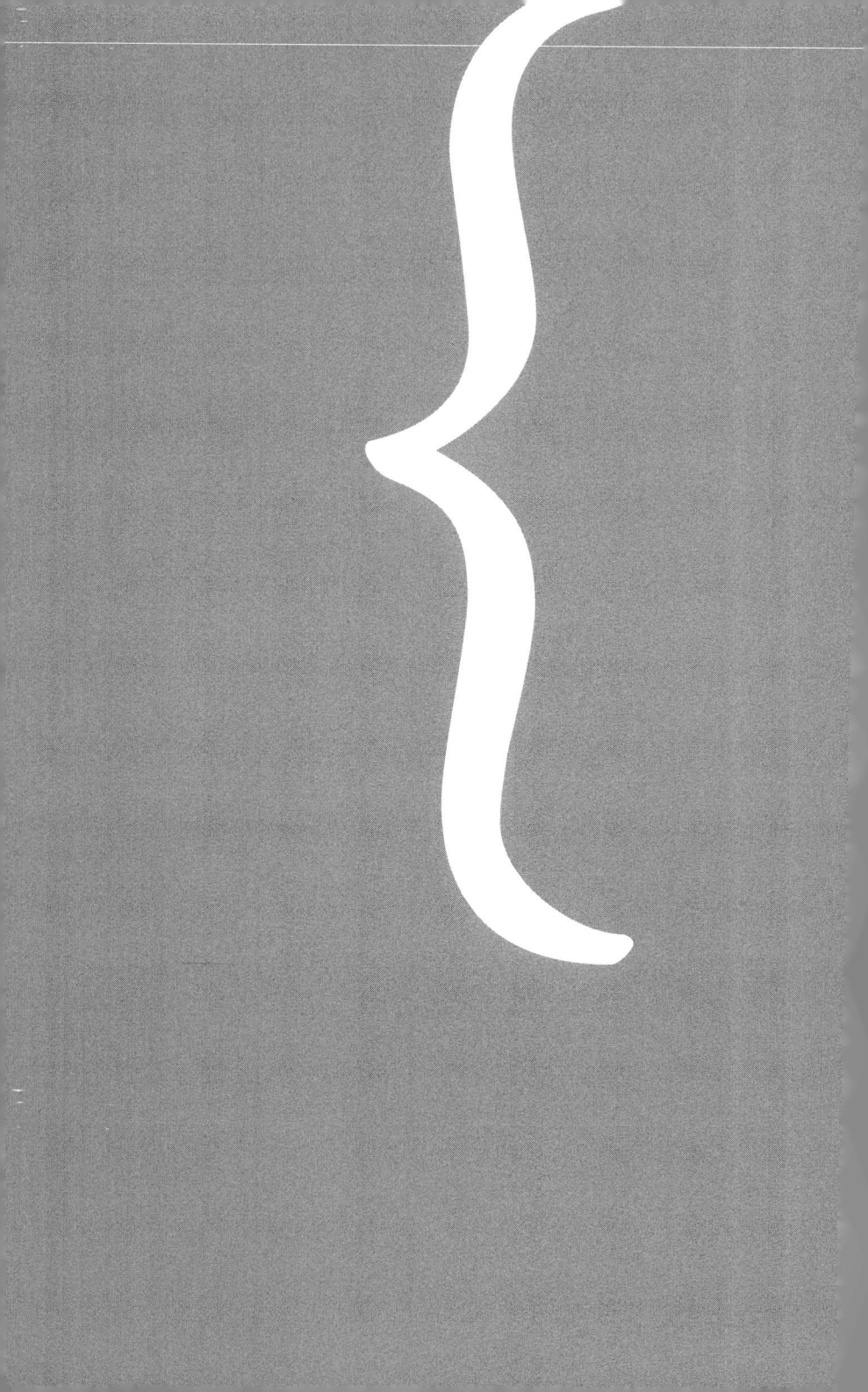

❰ DISCUTIMOS, NO CAPÍTULO anterior, a morfossintaxe da língua portuguesa, observando a relação entre seus aspectos sintáticos e morfológicos. Neste capítulo, veremos como a sentença se estrutura. Para isso, levaremos em conta duas perspectivas: a sintagmática e a funcional.

doispontoum
Estrutura sintagmática da sentença

Quando estudamos a morfossintaxe, vimos que uma palavra é formada por morfemas. A junção dessas palavras, de acordo com o seu comportamento, forma sintagmas, que são os constituintes de uma sentença. Então, sabemos que morfemas e palavras são unidades linguísticas pequenas que formam uma língua. No entanto, o que seria um sintagma?

Tomemos a sentença a seguir como exemplo:

O menino comprou uma bola.

Já sabemos que *o, menino, comprou, uma* e *bola* são palavras. Quando juntamos *o* e *menino*, temos um sintagma, assim como quando juntamos *uma* e *bola*. No entanto, se juntarmos *menino* e *comprou* ou *comprou* e *uma*, não teremos sintagmas. Esquematicamente, o que verificamos é o seguinte:

O + menino + comprou + uma + bola.
O menino + comprou + uma bola.
O menino + comprou uma bola.
O menino comprou uma bola.

Com esse esquema, observamos que da junção de palavras formam-se os sintagma e que da junção dos sintagmas forma-se a sentença. Esses sintagmas podem ser classificados como *autônomos* e o nome que recebem está relacionado ao tipo de palavra que temos como item principal. Em [o menino], a palavra que vamos chamar de *núcleo* (em termos gerais, a mais importante) é *menino*. Essa palavra é classificada como *nome* e, por isso, podemos dizer que temos aqui um sintagma nominal (doravante SN*). Já em [comprou uma bola], *comprou* é o núcleo e é, como vimos, um verbo; o sintagma, então, será chamado de sintagma verbal (SV**). De igual maneira, também teremos sintagmas adjetivais, sintagmas preposicionais, sintagmas adverbiais, dependendo de qual palavra é a mais importante na combinação em jogo. Esses sintagmas, porém, não nos interessam imediatamente.

Em tese, o tamanho dos sintagmas pode ser muito expandido, até um número de constituintes infinito. Mas nós, falantes, não fazemos construções muito longas, porque nossa memória não conseguiria processar toda a informação. Ressaltamos, também, que existem outros tipos de sintagmas, que ficarão para um estudo mais aprofundado de sintaxe, dado o caráter introdutório deste livro.

doispontodois
Estrutura funcional da sentença

Vimos, anteriormente, a estrutura sintagmática da sentença, ou seja, entendemos que uma sentença é formada por sintagmas. Veremos agora sua estrutura funcional, que nada mais é do que o estudo das funções que os sintagmas exercem na sentença.

---

* Em inglês, SN é chamado de NP (*noun phrase*).
** No inglês, SV é VP (*verbal phrase*).

Funcionalmente, podemos ter em uma sentença: sujeito, objetos (direto e indireto), adjuntos adnominais, complementos nominais, predicativos (do sujeito e do objeto), apostos e vocativos. Vejamos esses elementos um a um.

2.2.1 Sujeito e predicado

Inicialmente, podemos separar uma sentença em duas partes: sujeito e predicado. O sujeito geralmente é um SN, e o predicado é o SV. Portanto, o sujeito tem como núcleo um nome e concorda com o núcleo do predicado, que é um verbo (por isso, SV). Alguns autores conceituam *sujeito* como "aquele que concorda com o verbo", enquanto outros afirmam que é "aquele sobre o qual se fala algo, sobre o qual se predica algo". Aquilo que se fala sobre o sujeito seria, então, o predicado.

Na sentença que vimos anteriormente ("O menino comprou uma bola"), temos que [o menino] é o sujeito e [comprou uma bola] o predicado. Esses termos são chamados de *termos essenciais da oração*, pois uma oração não existe se não tivermos esses termos.

O sujeito, para a gramática tradicional, pode ser classificado de cinco formas: simples, composto, oculto, indeterminado e inexistente.

O sujeito simples tem apenas um núcleo; o composto tem dois ou mais. O sujeito oculto é aquele que não aparece de forma explícita na sentença, mas pode ser percebido em virtude da conjugação do verbo. O indeterminado é representado pelo verbo na terceira pessoa do plural e não está explícito na sentença. Por sua vez, o sujeito inexistente ocorre quando, nas sentenças, temos verbos que indicam fenômenos naturais (por exemplo, *chover, ventar, nevar*) e em algumas ocorrências do verbo *haver**. Vejamos um exemplo de cada um deles a seguir:

O cachorro late muito alto. – sujeito simples
Pedro e Maria se casaram ontem. – sujeito composto
[   ] *fomos à festa da nossa turma.* – sujeito oculto
[   ] *roubaram nossa casa três vezes.* – sujeito indeterminado
[   ] *choveu muito durante esta semana.*/[   ] *há dias não o vejo.* – sujeito inexistente

Já o predicado pode ser de três tipos: verbal, nominal e verbo-nominal. O predicado verbal tem como núcleo um verbo pleno. Já o nominal tem como núcleo um verbo de ligação; por sua vez, o verbo-nominal tem um verbo pleno como núcleo que é seguido de um predicativo. Esses tipos estão ilustrados, respectivamente, a seguir:

Pedro corre.
Pedro é corredor.
Pedro corre pensativo.

Dentro do sujeito e do predicado há outros termos da oração, os quais estudaremos a seguir. Veremos, inclusive, que um SN, por exemplo, pode assumir mais de uma função dentro de uma sentença.

---

* Comentamos anteriormente que não há sentenças sem sujeito. Se for assim, como explicar os três últimos tipos de sujeito? Na verdade, existe um sujeito "apagado" ali, mas essa explicação fica para um curso mais avançado de sintaxe. Sobre isso, há bibliografia referida no fim deste livro.

2.2.2 Complementos: verbais e nominais

Em uma sentença, podemos encontrar, dentro de um sintagma, termos que complementam um nome ou um verbo e que são também SNs. Esses termos são chamados de *integrantes*, pois fazem parte da ideia que é representada.

    Em relação aos complementos de um verbo (complementos verbais), temos os objetos. Eles podem ser de dois tipos: direto (OD) e indireto (OI). A diferença entre eles está no fato de o objeto indireto precisar do intermédio de uma preposição. Vejamos exemplos com os verbos *comer* e *gostar*. O verbo *comer* precisa de um complemento (por isso é chamado de *transitivo**), o qual precisa ser um objeto direto (daí esse verbo ser chamado de *transitivo direto*). O verbo *gostar* também é transitivo e, portanto, precisa de um complemento; no entanto, o complemento dele é indireto.

    O menino comeu [Ø] bolachas.
    O menino gosta <u>de</u> bolachas.

Há verbos, porém, que pedem dois complementos, um direto e um indireto, e passam a ser chamados de *transitivos diretos e indiretos*. Geralmente, são verbos que apresentam ideias semelhantes às do verbo *dar*:

    O marido deu flores <u>para</u> a esposa.

Nesse caso, temos dois objetos: um direto (flores) e um indireto ([para] a esposa).

---

* Quando um verbo não precisa de complemento, ele é chamado de *intransitivo*. Exemplos: *nascer, morrer, dormir*.

Vejam que os dois objetos são formados de SNs: [flores] e [a esposa]. No entanto, no indireto nós temos uma preposição: [para + SN]; isso é o que chamamos de *sintagma preposicional* (SP).

O sintagma preposicional também pode ser encontrado quando nos referimos ao complemento do nome, ou seja, complemento nominal. Um nome como *destruição* pede que se diga o que foi destruído; uma palavra relacionada ao nome *família* pede que se diga de quem é a família em questão.

A destruição da cidade apareceu em todos os noticiários.
A mãe da menina é uma cantora famosa.

Nesses exemplos, temos [da cidade] e [da menina] como sintagmas preposicionais ligados ao nome. Por isso, eles são chamados de *complementos do nome* – alguns nomes pedem esse tipo de informação, assim como alguns verbos.

2.2.3 Adjuntos: nominais e verbais

Da mesma forma que nomes e verbos podem ter complementos, eles também podem ter adjuntos, que são considerados termos acessórios, que vêm junto do nome e do verbo para apresentar algo a mais sobre eles. O adjunto do nome é conhecido como adjunto adnominal, e o adjunto do verbo é conhecido comumente como adjunto adverbial.

O menino de blusa azul andou de bicicleta ontem.

O sintagma preposicional [de blusa azul] dá uma característica para *menino* e é um adjunto adnominal. A gramática tradicional também apresenta artigos, adjetivos e alguns pronomes como exemplos desse tipo de adjunto. Já o sintagma adverbial [ontem] é um adjunto adverbial, que dá uma característica relativa ao momento em que o menino andou de bicicleta. Sintagmas preposicionais também podem ser adjuntos adverbiais, como temos a seguir:

O menino andou de bicicleta no domingo.

O sintagma preposicional [no domingo] está caracterizando quando o evento "andar de bicicleta" ocorreu.

Vale ressaltar que complementos e adjuntos podem acontecer tanto no sujeito quanto no predicado, como vimos nos exemplos acima.

2.2.4 Predicativos: do objeto e do sujeito

Ainda, há termos considerados predicativos, pois predicam sobre um nome e são nomeados de acordo com a posição em que o SN a que se referem aparece numa sentença. Por exemplo:

O menino é bonito.
Encontrei o menino bonito.

O sintagma [bonito] se refere ao SN [o menino] nas duas sentenças. No entanto, o SN na primeira sentença aparece como sujeito e, por isso, [bonito] será classificado como **predicativo do sujeito**. Já na segunda, o SN é o objeto da sentença, e [bonito] dá uma característica para esse objeto, sendo, portanto, o **predicativo do objeto**.

2.2.5 Aposto e vocativo

Em uma oração, o aposto é uma informação a mais dada sobre algo, ao passo que o vocativo aparece quando algo ou alguém é chamado, invocado.

O menino, filho da dona Maria, é super legal.
Menino, vem já pra cá!

Na primeira sentença, a expressão em destaque é o aposto e, na segunda, o termo destacado é o vocativo.

Síntese

Vimos, neste capítulo, os sintagmas que compõem uma sentença e o tipo de função que eles podem exercer.

Os sintagmas analisados são os sintagmas nominais, verbais, preposicionais, adjetivais e adverbiais. Sabemos que os sintagmas nominais podem exercer função de sujeito e de objeto direto, além de poderem compor sintagmas preposicionais. Estes são constituídos de [preposição + SN] e podem exercer a função de objeto indireto, complemento nominal e adjunto adverbial. Os sintagmas verbais são chamados também de *predicado*, cujo núcleo é um verbo. Os sintagmas adverbiais aparecem como adjuntos adverbiais e são constituídos de um advérbio. Os sintagmas adjetivais são aqueles constituídos de adjetivo, ou seja o nome do sintagma parte sempre do tipo de núcleo que o compõe.

Atividades de autoavaliação

1. Observe as sentenças a seguir, em que os parênteses indicam uma divisão sintagmática. Depois, assinale a alternativa cuja divisão das sentenças foi feita corretamente:

   I. (O vento forte) (derrubou as plantas).
   II. (As meninas de) (vestido amarelo) (caíram no) (lago).
   III. (Os) (rapazes da) (minha) (escola) (são muito) (chatos).
   IV. (A bola de futebol do Marcelo) (estourou).
   V. (Ninguém) (viu o bolo de chocolate da Maria).

   a. I, II, IV e V.
   b. II, III e IV.
   c. I, IV e V.
   d. I e II.

2. Coloque V para as afirmações verdadeiras e F para as falsas:
   ( ) Um sintagma nominal só pode funcionar como sujeito.
   ( ) Um sintagma preposicional tem como núcleo uma preposição e é formado pela preposição e por um sintagma nominal.
   ( ) Somente sintagmas adverbiais podem ser adjuntos adverbiais.
   ( ) Os sintagmas são nomeados de acordo com a função que exercem, e não de acordo com o seu núcleo.
   ( ) Os sintagmas podem aparecer em diferentes posições em uma mesma sentença.
   ( ) Se o núcleo de um sintagma for um adjetivo, ele será chamado de *sintagma adjetival*.

3. Classifique os sintagmas de acordo com a numeração. Pode haver mais de um por resposta:
a. O corredor se exercitou excessivamente.
b. As crianças do meu prédio brincam todos os dias no parquinho.
c. Aquele rapaz vendeu dois carros ontem.
d. Eu descobri o esconderijo do meu vizinho.
e. Todo mundo precisa de alguém.
f. Ele se perdeu dos pais no *shopping*.

( ) Sintagma nominal.
( ) Sintagma preposicional.
( ) Sintagma adverbial.
( ) Sintagma verbal.

4. Assinale a alternativa correta em relação à classificação dos termos em destaque:
I. A Maria lê um livro diariamente.
   a. Sujeito.
   b. Objeto direto.
   c. Adjunto adnominal.
   d. Adjunto adverbial.
II. Ele escreveu lindas cartas de amor para sua namorada.
   a. Objeto direto.
   b. Predicado.
   c. Sujeito.
   d. Complemento nominal.

III. Os alunos do 1º ano perderam o ônibus.
   a. Objeto direto.
   b. Sujeito.
   c. Adjunto adnominal.
   d. Predicativo do sujeito.

IV. Nós comemos uma laranja azeda.
   a. Sujeito.
   b. Adjunto adverbial.
   c. Predicado.
   d. Predicativo do objeto.

V. Aquele aluno é o mais inteligente da minha turma.
   a. Adjunto adverbial.
   b. Predicado.
   c. Predicativo do objeto.
   d. Predicativo do sujeito.

VI. Essa hora do dia passa tão rapidamente!
   a. Adjunto adnominal.
   b. Complemento nominal.
   c. Adjunto adverbial.
   d. Sujeito.

VII. Eu conheci a filha do meu irmão ontem.
   a. Objeto direto.
   b. Objeto indireto.
   c. Adjunto adnominal.
   d. Complemento nominal.

VIII. Dormir, meu passatempo preferido, é essencial à saúde.
   a. Vocativo.
   b. Aposto.
   c. Adjunto adverbial.
   d. Sujeito.

IX. Filho, venha almoçar!
   a. Sujeito.
   b. Objeto direto.
   c. Complemento nominal.
   d. Vocativo.

X. O vendedor de camisa listrada atende muito bem.
   a. Complemento nominal.
   b. Objeto direto.
   c. Sujeito.
   d. Adjunto adnominal.

5. Observe:

Trecho 1: Não encontrei nenhuma obra de arte este ano que expressasse tão bem a beleza da natureza e como os detalhes minuciosos podem criar um grande impacto.

Trecho 2: A equipe da exposição, em vez de rejeitar o artista amador, percebeu ali uma oportunidade para promover a diversidade. E com um pequeno gesto.

Trecho 3: O que todos não esperavam é o resultado desse gesto: a pintura tornou-se viral no Instagram.

Após a leitura dos trechos, analise-os e assinale a afirmativa correta.

a. No trecho 1, há três sintagmas verbais.
b. No trecho 1, "da natureza" pode ser classificado como um adjunto adverbial.
c. No trecho 2, temos quatro sujeitos e um predicado.
d. No trecho 2, há três complementos verbais.
e. No trecho 3, há um aposto após os dois-pontos.

Atividades de aprendizagem

1. Escreva um pequeno parágrafo e classifique os termos oracionais que você encontrar em seu texto.

2. Muitas são as questões levantadas sobre a forma como deve ser o ensino de Língua Portuguesa na escola. Em pauta, encontramos a discussão sobre o ensino de sintaxe e o ensino de textos. Inúmeras pessoas apregoam que a gramática não deveria ser ensinada na escola, principalmente no que tange à questão da nomenclatura usada, e que apenas o texto – ler e escrever – deveria ser trabalhado. Outros acham que ambos precisam ser trabalhados em sala. Há, também, quem acredite que a gramática (em sua totalidade) deve ser estudada a partir dos textos. E sobre isso há quem diga que não pode ser assim, pois dessa forma o texto perde seu sentido. Qual é sua opinião sobre esse assunto? Argumente.

3. Certa vez, um professor emitiu a seguinte opinião: "A sintaxe está em tudo – não se pode entender um poema sem a sintaxe; nossos pensamentos são criados pela sintaxe".

   O que você acha disso? Será que, para saber essa sintaxe a que o professor se refere, é preciso saber tudo o que existe sobre esse assunto, desde a nomenclatura usada até como se dá a estrutura? Explique.

4. Como você vê a questão da gramática tradicional (aquela que dita regras sobre o certo e o errado na língua) em relação aos alunos de Letras? E em relação aos alunos do ensino básico ao médio? Sustente sua posição.

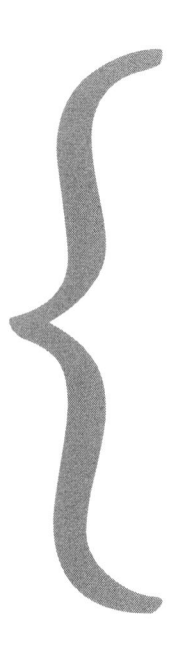

{

um Morfossintaxe da língua portuguesa
dois Estrutura da sentença
três Tipos de sentença e sua significação
quatro Significação e palavras
cinco Papéis semânticos
seis Elementos anafóricos

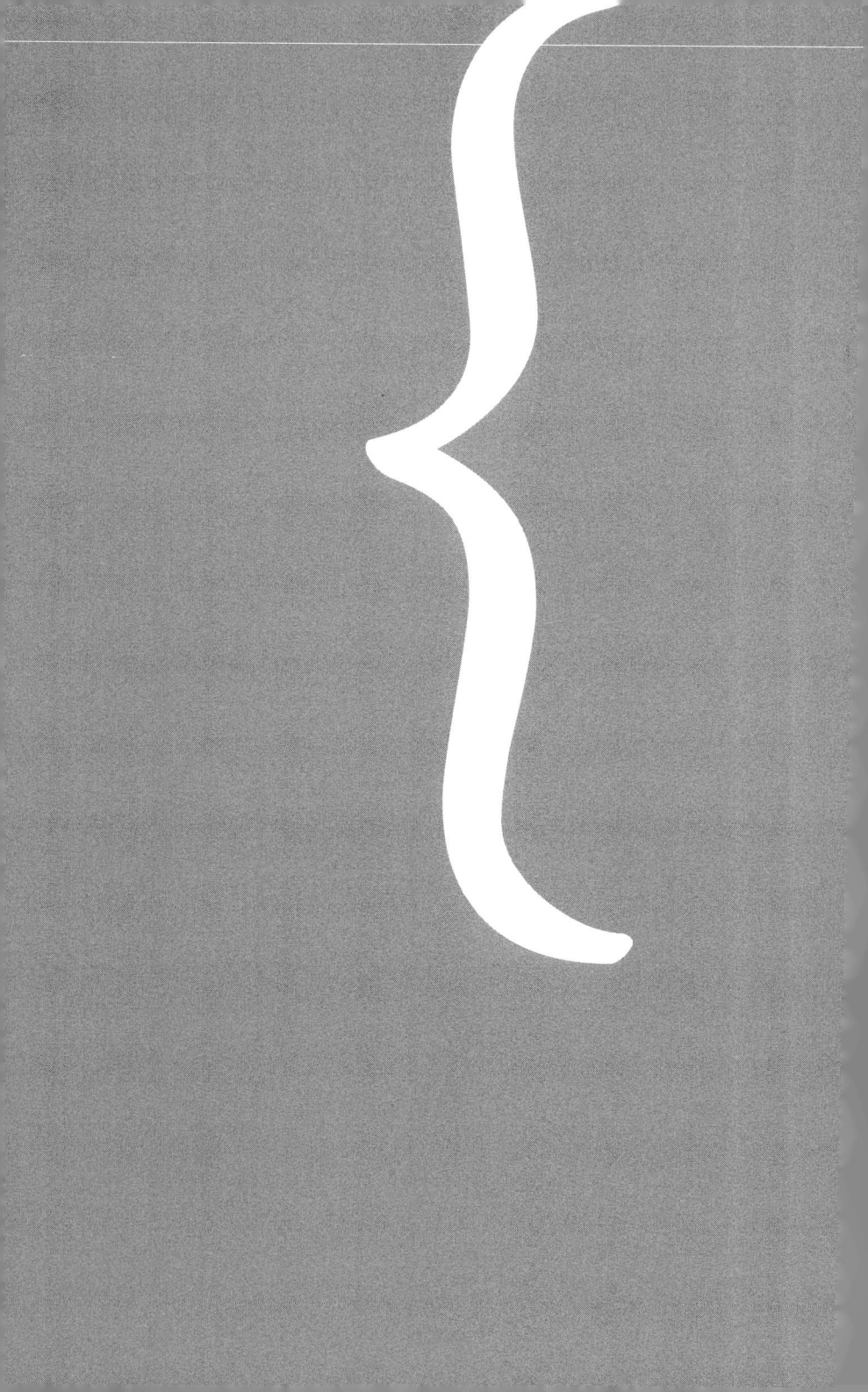

❰ NO CAPÍTULO ANTERIOR, vimos que as sentenças são constituídas por sintagmas e que cada um deles exerce uma função específica na sentença. Neste capítulo, veremos como podemos classificar essas sentenças. Para isso, analisaremos o que chamamos de *período composto* (junção de dois ou mais períodos simples), tanto aquele que se dá por coordenação quanto aquele que se dá por subordinação.

O que pretendemos, ao final deste capítulo, é que você possa diferenciar cada um desses termos e entender sua aplicação prática, além de compreender as estruturas aqui em pauta e sua organização. Ou seja, estudaremos de que maneira juntamos tudo isso para estruturar sentenças na língua.

trêspontoum
Sentença complexa

Ao pensarmos, de forma ampla, na forma como a língua se estrutura, vimos que, inicialmente, os morfemas se unem e formam palavras. Igualmente, as palavras se unem formando sentenças. Assim, as sentenças também podem se unir e formar uma sentença complexa, que nada mais é do que um período composto, nosso objeto de estudo neste capítulo.

No período composto, podemos ver a relação estabelecida entre uma ou mais orações. Essa relação pode ser tanto de ordem sintática quanto de ordem semântica. É com base nela que podemos classificar a sentença complexa e cada uma das orações que a compõem.

A junção dessas orações pode ocorrer por meio de dois processos diferentes, o de coordenação e o de subordinação. Vejamos como se dá cada um desses processos.

trêspontodois
Coordenação

Quando o processo de coordenação ocorre, temos a junção de duas ou mais orações de uma forma mais simples, pois é como se tivéssemos uma oração e a juntássemos com outra. Essa "união" entre elas se daria ou por meio de uma conjunção, ou pela falta dela. Metaforicamente, podemos pensar que cada oração corresponde a um tijolo que, se justapõe a outros para que, juntos, formem uma parede. Sabemos que, para unir os tijolos, é necessária a argamassa. No nosso caso, essa "argamassa" corresponderia à presença (ou ausência) de uma conjunção.

Quer um exemplo para deixar tudo isso mais claro?

Vamos considerar as sentenças "O menino correu" (oração 1) e "A menina saltou" (oração 2). Em seguida, vamos selecionar algumas conjunções presentes na língua, como *e* e *mas*. Agora, usando o processo de coordenação, vamos coordenar essas orações e uni-las com as conjunções, uma de cada vez. Assim, temos:

O menino correu e a menina saltou.
O menino correu mas a menina saltou.

Essas duas sentenças apresentam a mesma estrutura:

Oração 1 + conjunção + Oração 2

No entanto, podemos encontrar na língua uma sentença como:

O menino correu, a menina saltou.

A estrutura dessa sentença é muito parecida com a que mostramos anteriormente, no entanto não é idêntica, pois a conjunção não aparece. Comumente, temos uma vírgula entre elas e, portanto, temos uma estrutura como:

Oração 1 + (vírgula) + Oração 2

Na literatura, encontramos os termos *sindética* e *assindética* para representar, respectivamente, quando o uso de uma conjunção se faz presente e quando não se faz.

Um ponto relevante para apontarmos aqui é o fato de que, semanticamente, uma oração não depende da outra para ter uma ideia completa. Portanto, cada uma das orações apresenta uma ideia. Em outras palavras, cada oração apresenta um sentido que pode ser compreendido independentemente da presença da outra.

> Tudo bem, não precisamos de uma ideia para completar a outra. Mas a ideia que pretendemos comunicar com uma sentença complexa parece depender da conjunção que usamos, certo? Isso mesmo!

As conjunções são bastante relevantes para o que queremos dizer. Vamos observar as conjunções presentes na língua portuguesa.

3.2.1 Conjunções coordenativas

Antes de iniciarmos nosso estudo sobre as conjunções coordenativas, é importante mencionarmos que não são apenas orações que podem ser coordenadas, mas também palavras e sintagmas, como em "menino e menina", "o menino e a menina", respectivamente. Para isso, podemos fazer uso das conjunções que veremos agora.

De acordo com o valor de sentido (ou conteúdo semântico) apresentado pelas conjunções coordenativas, podemos classificá-las em aditivas, adversativas, conclusivas, explicativas e alternativas.

São muitos os nomes usados para a classificação, mas veremos que não é difícil entender o porquê desses nomes. Todos eles estão relacionados ao que queremos dizer com nossas sentenças.

As aditivas são usadas quando queremos apenas adicionar uma informação. A conjunção mais comum desse tipo é *e*. Além desta, temos também *não só... mas/como também, assim como* etc.

Já as adversativas indicam uma ideia contrária àquela enunciada na primeira oração. É o que ocorre, por exemplo, quando usamos *mas, porém, entretanto, no entanto, todavia* etc.

As conclusivas são utilizadas quando queremos concluir alguma coisa com base no que foi dito anteriormente. Para isso, fazemos uso de expressões como *portanto, por fim* e *logo*.

Para explicarmos alguma coisa, vamos utilizar as explicativas, como *porque, pois* e *porquanto*.

Finalmente, temos as alternativas, que tomam cada uma das orações como uma opção. *Ou... ou, ora... ora, quer... quer, seja... seja* são exemplos desse tipo de conjunção.

Agora que estudamos a coordenação, vamos partir para o outro processo, o da subordinação.

trêspontotrês
Subordinação

Ao contrário da coordenação, no processo de subordinação temos uma "dependência" de uma oração em relação à outra, tanto em relação à estrutura (nível sintático) quanto em relação ao significado (nível semântico).

Ao unirmos duas orações pelo processo de subordinação, temos uma dependência sintática entre elas porque a sentença complexa não fica sintaticamente completa. Para esclarecer esse ponto, acompanhe o exemplo a seguir:

O povo pediu que o governo reformasse a política.

No exemplo, temos duas orações, sendo que a oração "o governo reformasse a política" está subordinada à oração "o povo pediu". Se tivéssemos apenas "o povo pediu", o complemento do verbo *pedir*, que é o núcleo desse predicado, estaria incompleto. Para completar sua estrutura, uma oração foi inserida. Assim, a oração subordinada completa a estrutura da outra oração, chamada de *oração matriz* ou *principal*.

As orações subordinadas podem ser classificadas de várias formas, como veremos a seguir.

Essa classificação está associada a três das classes de palavras que podem ocupar um "lugar sintático" em uma sentença, a saber: substantivo, adjetivo e advérbio. Assim, temos os seguintes tipos de orações subordinadas: substantiva, adjetiva e adverbial. Veremos a estrutura de cada uma delas.

3.3.1 Subordinadas substantivas

Como o nome já indica, essas orações ocupam a posição de um nome, no caso, de um sintagma nominal. Como veremos, elas estão na posição de todo o sintagma, e não apenas de seu núcleo.

As posições que podem ser ocupadas são as de argumentos*, tanto externos quando internos, isto é, sujeito, objeto direto, objeto indireto, complemento nominal, predicativo e aposto.

Tendo em vista o lugar ocupado, elas são chamadas de *subjetiva, objetiva direta, objetiva indireta, completiva nominal, predicativa* e *apositiva*.

3.3.1.1 Subordinada substantiva subjetiva

Se essa classificação é dada de acordo com a posição ocupada, as subjetivas estão, então, em posição de sujeito, de argumento externo.

É importante que Maria faça o pedido logo.

A oração complexa anterior está com suas orações "invertidas", ou seja, a sentença subjetiva (aquela que está em posição de sujeito) é a sentença que aparece em destaque.

---

* Quando utilizamos o termo *argumento*, estamos fazendo referência a alguns itens que aparecem com o verbo. Por exemplo: um verbo como *comer* prevê "um comedor" (argumento externo) e "algo comido" (argumento interno). Cada um desses termos previstos pode ser chamado de *argumento* e podemos representá-los por traços. Assim, em (_COMER_), representamos a necessidade da existência de dois argumentos. O argumento interno é aquele gerado junto com o verbo, ou seja, seu complemento. O argumento externo complementa o sentido do verbo e do complemento, ou seja, é sujeito da ação.
Uma teoria que estuda essa questão é a gramática de valência, a qual observa as valências (o mesmo termo da química) de um verbo.

3.3.1.2 Subordinada substantiva objetiva direta

Vamos seguir aqui o mesmo raciocínio do item anterior.

Pedro avisou que faltará hoje.

Nessa oração complexa, a sentença em destaque é uma objetiva direta, porque atende às exigências semânticas do verbo *avisar*, que precisa de um complemento do tipo objeto direto.

3.3.1.3 Subordinada substantiva objetiva indireta

Pedro gosta de que falem com ele.

Nesse caso, a sentença em destaque é o complemento preposicional, o objeto indireto por isso recebe esse nome.

3.3.1.4 Subordinada substantiva completiva nominal

Esse tipo de sentença, muitas vezes, pode ser confundido com a objetiva indireta, principalmente por causa da existência da preposição. É preciso considerar que a objetiva indireta complementa um verbo, enquanto a completiva nominal complementa um nome, exercendo a função de complemento nominal. Portanto, é o que teríamos a seguir, representado pela oração em destaque:

O povo tem vontade de que o país melhore.

3.3.1.5 Subordinada substantiva predicativa

As orações predicativas ocupam a posição de predicativo, como temos a seguir:

> O triste é que ninguém apareceu.

3.3.1.6 Subordinada substantiva apositiva

A oração em destaque a seguir exerce a função de aposto.

> Só tenho um desejo: que sejamos felizes.

3.3.2 Subordinadas adjetivas

As subordinadas adjetivas exercem função de adjetivo numa oração complexa e podem ser classificadas de duas formas: restritivas ou explicativas. Elas aparecem sempre junto a um sintagma nominal.

3.3.2.1 Subordinada adjetiva restritiva

Quando temos uma sentença classificada como restritiva é porque ela está restringindo o sentido do sintagma nominal. Vejamos a seguinte sentença:

> O técnico convocou os jogadores que estavam
> em boa condição física.

Nesse caso, temos a sentença sucedendo o sintagma nominal [os jogadores]. Ela modifica esse sintagma como faria um adjetivo, restringindo quais os jogadores que foram convocados, isto é, somente os que estavam em boa condição física.

Portanto, se imaginarmos um grupo de jogadores que poderiam ser convocados, estamos dizendo que só foram convocados aqueles em boa condição física; os atletas que não apresentavam a condição adequada não foram convocados.

3.3.2.2 Subordinada adjetiva explicativa ou apositiva

Comparadas com as restritivas, as explicativas/apositivas não restringem elementos de um determinado conjunto; pelo contrário, as explicativas englobam todo o conjunto. Para entendermos melhor, vejamos o seguinte exemplo:

> O técnico convocou os jogadores, que estavam em boa condição física.

Aqui, todos os jogadores convocados estavam em boa condição física e, portanto, seria falso afirmar que nesse grupo havia jogadores sem boa condição física, como era o caso do exemplo anterior.

3.3.3 Subordinadas adverbiais

São as orações que ocupam a posição de um advérbio. Representam o grupo de subordinadas com maior número de subclassificações e, da mesma forma que nas outras, sua nomenclatura nos informa muito sobre sua função. Veremos mais características dessas orações a partir da análise das classificações que elas recebem.

3.3.3.1 Subordinada adverbial causal

Nessa subordinada, temos uma oração funcionando como um advérbio de causa, como em:

Ela correu porque estava sendo seguida.

Vemos aqui a causa de ela ter corrido: estar sendo seguida.

3.3.3.2 Subordinada adverbial final

Ao contrário da causal, esse tipo de oração apresenta a finalidade de algo.

O rapaz fez um check-up a fim de evitar problemas de saúde.

Portanto, aqui, a oração apresenta a finalidade de o rapaz ter feito um *check-up*.

3.3.3.3 Subordinada adverbial consecutiva

Nesse caso, temos uma ideia de consequência.

O bebê chorou tanto que até perdeu o fôlego.

Temos, como consequência de chorar demais, o fato de o bebê perder o fôlego.

3.3.3.4 Subordinada adverbial conformativa

A ideia em questão é a de conformidade, ou seja, algo que ocorre de acordo com algum outro ponto.

Conforme o IBGE divulgou, a população teve um aumento significativo nos últimos anos.

3.3.3.5 Subordinada adverbial concessiva

Aqui temos uma ideia de oposição, uma ideia de concessão.

Embora não estude, suas notas são ótimas.

Nessa oração complexa, temos a ideia de "estudar" relacionada ao fato de "ter boas notas", aludindo, portanto, ao conceito de que quem estuda tem boas notas. No entanto, a sentença apresentada expressa o contrário dessa premissa.

3.3.3.6 Subordinada adverbial comparativa

Como o próprio nome diz, temos aqui a ideia de comparação. Vale ressaltar que comumente o verbo (da comparação) fica subentendido.

O menino fala como a mãe.

Aqui, temos uma comparação entre o modo de falar do menino e o de sua mãe.

3.3.3.7 Subordinada adverbial condicional

Esse tipo de subordinada apresenta uma condição para que algo ocorra.

Se parar de chover, vamos viajar.

Então, a condição de a viagem ocorrer é a chuva parar.

3.3.3.8 Subordinada adverbial temporal

Esse tipo de subordinada exerce a função de advérbio de tempo, como vemos na sentença a seguir, que indica o momento em que algo se passa.

Logo que cheguei em casa, meu cachorro correu até mim.

3.3.3.9 Subordinada adverbial proporcional

Temos a ideia de proporção, um ou mais itens que ocorrem de forma proporcional.

O menino cresce à medida que come bem.

trêspontoquatro
Orações reduzidas

Se observarmos com atenção, veremos que há várias conjunções e locuções aparecendo nas estruturas subordinadas: *embora, à medida que, logo que* etc. No entanto, muitas vezes essas conjunções não se fazem presentes mesmo existindo uma estrutura subordinada. Quando isso acontece, dizemos que estamos diante de orações reduzidas. Nesses casos, também passamos a ter o verbo em uma das formas nominais: infinitivo, gerúndio ou particípio. Para entendermos melhor, tomaremos como exemplo a subordinada causal a seguir:

Pedro fugiu porque não pagou suas contas.

↓

Pedro fugiu por não pagar suas contas.
(reduzida de infinitivo)

Não pagando suas contas, Pedro fugiu.
(reduzida de gerúndio)

Pedro fugiu por não ter pago suas contas.
(reduzida de particípio)

Síntese

Vimos, neste capítulo, as sentenças complexas, como funcionam e qual é a sua classificação. Iniciamos com as orações coordenadas e, em seguida, analisamos as subordinadas. As primeiras não apresentam dependência nem sintática nem semântica, enquanto as subordinadas apresentam. Portanto, a estrutura de cada oração tem suas especificidades, o que se constitui na principal diferença entre as subordinadas e as coordenadas.

A partir disso, estudamos a subdivisão existente em cada uma delas. A nomenclatura dessas divisões é bastante vasta; no entanto, a ideia principal é entender o funcionamento de cada classificação. Não temos, com este livro, a intenção de escrever uma gramática tradicional, mas tão somente a de apresentar essa nomenclatura para seu conhecimento. Frisamos, novamente, que a ideia aqui é entender como a língua portuguesa se estrutura.

Atividades de autoavaliação

1. Assinale os itens em que há uma oração coordenada sindética. Coloque-a entre parênteses e sublinhe a conjunção:
   a. Enquanto Maria trabalha, Pedro passeia.
   b. O menino comprou uma bola de futebol e a menina comprou uma boneca.
   c. As crianças gostam de estudar, mas os adolescentes não.
   d. A viagem que planejamos foi péssima.
   e. Ou você ri, ou você chora.
   f. Meus cachorrinhos são tão fofos quanto meus gatinhos.
   g. Conforme a pesquisa que lemos ontem, os brasileiros estão gastando mais.

2. Indique se as afirmações a seguir são verdadeiras (V) ou falsas (F) de acordo com as sentenças em I e II:
I. As crianças que desobedeceram não foram viajar.
II. As crianças, que desobedeceram, não foram viajar.

( ) Em I, podemos dizer que algumas crianças viajaram e outras não.
( ) Em II, podemos dizer que algumas crianças viajaram e outras não.
( ) Podemos afirmar que, em II, nenhuma criança foi obediente.
( ) Podemos afirmar que, em I, nenhuma criança foi obediente.
( ) Há uma oração subordinada adjetiva nas duas sentenças.
( ) Podemos classificar "que desobedeceram" como explicativa em I e restritiva em II.
( ) Podemos classificar "que desobedeceram" como restritiva em I e explicativa em II.

a. F, V, F, V, V, V, F.
b. V, F, V, F, V, F, V.
c. F, F, V, V, F, F, F.
d. F, V, V, F, V, V, F.

3. Numere as orações subordinadas adverbiais presentes nas sentenças a seguir de acordo com a seguinte numeração:
I. Oração subordinada adverbial causal
II. Oração subordinada adverbial consecutiva
III. Oração subordinada adverbial concessiva
IV. Oração subordinada adverbial condicional
V. Oração subordinada adverbial conformativa
VI. Oração subordinada adverbial comparativa
VII. Oração subordinada adverbial temporal
VIII. Oração subordinada adverbial final
IX. Oração subordinada adverbial proporcional

( ) À medida que o rio subia, as pessoas ficavam mais desesperadas.
( ) Embora eu tivesse estudado bastante, não fui muito bem no teste.
( ) Só vamos ao parque se parar a chuva.
( ) Mamãe chegou quando papai saiu.
( ) Iniciei a dieta para que eu possa ter uma vida mais saudável.
( ) O apartamento pegou fogo porque esqueceram uma vela acesa.
( ) Fui para a aula, mesmo estando muito gripado.
( ) Ele dança tão bem quanto ela.
( ) A festa aconteceu como tínhamos planejado.

4. Observe as funções exercidas pelas orações subordinadas substantivas nas sentenças a seguir. Em seguida, grife e classifique essas orações de acordo com a referência dada:

(OSSS) = Oração subordinada substantiva subjetiva
(OSSOD) = Oração subordinada substantiva objetiva direta
(OSSOI) = Oração subordinada substantiva objetiva indireta
(OSSCN) = Oração subordinada substantiva completiva nominal
(OSSA) = Oração subordinada substantiva apositiva
(OSSP) = Oração subordinada substantiva predicativa

a. É importante que essa diferença fique bem clara. (   )
b. Peço apenas uma coisa: que vivam cada minuto. (   )
c. O rapaz avisou que não poderia comparecer ao trabalho hoje. (   )
d. Elas têm certeza de que o artigo foi aprovado. (   )
e. A realidade é que todos buscam uma vida melhor. (   )
f. Eu gosto de que me tratem bem. (   )

5. Leia os parágrafos a seguir e assinale com C, caso a oração em destaque seja uma coordenada; com S, se ela for subordinada; e com M, se ela for a sentença matriz. Depois, marque a alternativa correta:

> O pai deu uma bola de presente ao filho ( ). Lembrando o prazer que sentira ( ) ao ganhar a sua primeira bola do pai ( ). Uma número 5 sem tento oficial de couro. Agora não era mais de couro ( ), era de plástico ( ). Mas era uma bola. ( ) O garoto agradeceu, ( ) desembrulhou a bola ( ) e disse "Legal!". ( ) [...]

FONTE: Veríssimo, 2001, p. 41-42.

a. C – S – M – C – C – C.
b. M – S – C – M – M – C.
c. S – C – C – C – M – M.
d. C – C – S – S – C – S.

Atividades de aprendizagem

1. Leia o texto a seguir.

> A escola de Marina resolveu premiar os alunos que tiveram um bom desempenho ao longo do ano. Para avisar aos familiares, foi enviado um bilhete. Nele havia uma parte em que se lia o seguinte: "Os alunos do 6º ano, que leram 15 livros no ano, vão ganhar uma viagem. E os alunos do 6º ano que leram 5 livros no ano vão ganhar um livro novo." Depois de escrito, foi verificado que havia um "deslize" na informação.

A partir do texto apresentado anteriormente e sabendo que todos os 30 alunos da sala ganharam um livro e apenas 16 ganharam uma viagem, qual seria o "deslize" em relação à informação? Por quê?

2. Reescreva, quando possível, as sentenças a seguir como orações reduzidas.
   a. Quando terminar a tarefa, você pode sair para brincar.
   b. Encontramos um bebê que chorava na praça.
   c. Gosto de alunos que têm um olhar crítico.
   d. Ela não pode mais costurar, porque machucou a mão.

3. Reflita e responda às questões a seguir sobre o ensino de sintaxe e semântica na escola.
   a. Para você, como o ensino da sintaxe deveria ser feito em sala de aula na educação básica (ensino fundamental e ensino médio)? Argumente.
   b. Em sua opinião, a semântica é ensinada na escola? Explique.

um   Morfossintaxe da língua portuguesa
dois   Estrutura da sentença
três   Tipos de sentença e sua significação
quatro   **Significação e palavras**
cinco   Papéis semânticos
seis   Elementos anafóricos

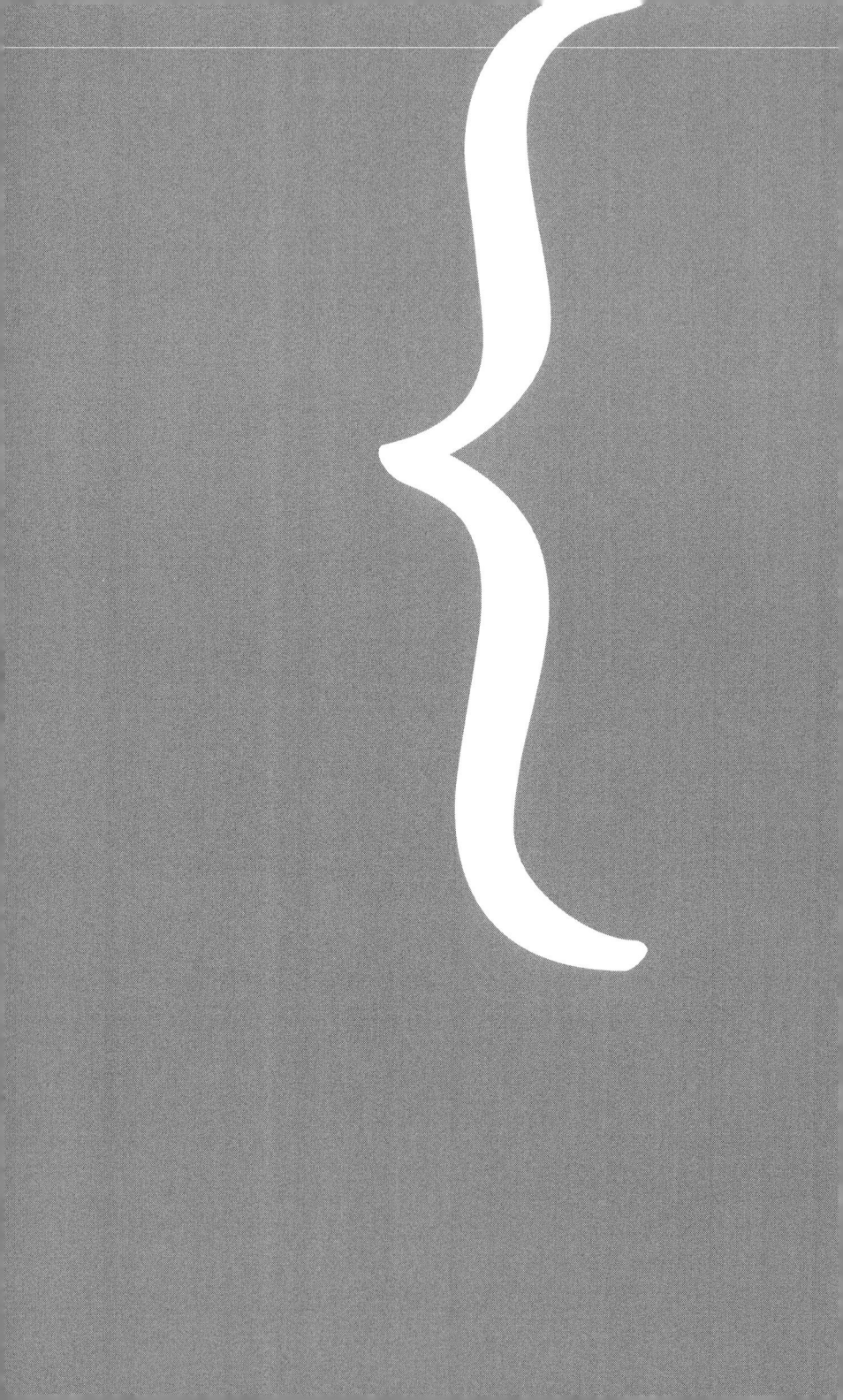

❰ NESTE CAPÍTULO, RETOMAREMOS o estudo da palavra, desta vez olhando para aspectos do seu significado, e não da sua formação ou das estruturas que pode formar. Veremos alguns aspectos presentes nas palavras, como sinonímia, hiponímia, hiperonímia, e termos que expressam genericidade e especificidade. Entender a semântica das palavras será essencial para entendermos a semântica da sentença.

quatropontoum
Genericidade e especificidade

Ao pensarmos nessas duas ideias, é preciso ter em mente o fato de que as palavras estão relacionadas a conceitos do mundo que, de uma forma ou de outra, podemos agrupar em conjuntos, de acordo com algum critério preestabelecido. O que queremos dizer com isso? Imagine um cavalo. Entre outras coisas, podemos dizer que o cavalo é um animal, é mamífero e come cenoura. Essas três características do cavalo o fazem pertencer a esses três grupos, e o maior deles (o que abrange o maior número de elementos) é *animal*. Nesse sentido, podemos dizer que o significado da palavra *cavalo* se relaciona ao significado de palavras como *animal, mamífero* e *come cenoura*.

Então, se fizermos uma relação como *cavalo<animal*, estamos dizendo que todo cavalo faz parte do conjunto dos animais. No entanto, nem todos os animais fazem parte do conjunto de cavalos, pois temos outros animais no mundo que não são cavalos. Pensando novamente nas palavras e na relação que elas podem ter entre si, dizemos que o termo mais geral, mais genérico, é um hiperônimo e o termo mais específico é um hipônimo.

Note que uma palavra é considerada hipônima ou hiperônima em relação a outra. Assim, se tomarmos as palavras *margarida, flor* e *flora*, o termo mais específico é *margarida*, e o mais genérico é *flora*. Portanto, *margarida* é um hipônimo do hiperônimo *flora*.

quatropontodois
Sinonímia e antonímia

Será que as palavras têm sinônimos perfeitos?

Na verdade, não. De acordo com Ilari (2002), sinônimos perfeitos só podem ser encontrados em certos termos científicos, por exemplo, quando se afirma que H_2O é sinônimo de água, porque o termo técnico é criado artificialmente na língua justamente para se referir ao objeto de forma não marcada.

Contudo, apesar de não haver sinônimos perfeitos, os significados de algumas palavras podem ser próximos a ponto de dizermos que essas palavras são sinônimas. Por exemplo, para alguns, as palavras *holerite* e *folha de pagamento* podem ser sinônimas – no entanto, podem não ser para outros. Aliás, se tivermos na língua portuguesa sinônimos perfeitos para uma mesma palavra, é muito provável que uma dessas palavras caia em desuso.

Outra propriedade semântica que vamos trabalhar aqui é a antonímia. Palavras antônimas são aquelas que apresentam significados "opostos" entre si. Tomemos por exemplo as palavras *bonito* e *feio*. Dizemos que elas são antônimas, pois algo ou alguém não pode ser bonito e feio ao mesmo tempo. Portanto, ao tratarmos de antônimos, as duas palavras fazem parte de um mesmo conjunto. Nesse caso, *bonito* e *feio* fazem parte do conjunto das características que alguma pessoa ou objeto pode ter. Por outro lado, não temos como afirmar que *embaixo* e *feio* são termos opostos, pois pertencem a conjuntos diferentes; enquanto *embaixo* tem relação com a posição de algo ou alguém, *feio* refere-se a um padrão de beleza em que algo ou alguém se enquadra.

quatropontotrês
Ambiguidade e vagueza: casos de ambiguidade lexical

O que seria ambiguidade? No sentido semântico, é quando, sem observar o contexto dado, não conseguimos interpretar uma palavra ou sentença porque ela tem dois ou mais significados distintos.

A ambiguidade lexical está relacionada às palavras e pode estar associada à homonímia e à polissemia. Uma palavra homônima é aquela que apresenta significados diferentes, mas a mesma pronúncia, o mesmo som. É o caso, por exemplo, da palavra *manga* – o som é o mesmo, mas pode significar a fruta ou a parte de uma peça de roupa. Temos também palavras em que a grafia é semelhante, a pronúncia é igual, mas o significado é diferente, como em *cinto* e *sinto*.

Já quando uma única palavra tem significados diferentes a partir de um sentido, dizemos que ela é polissêmica. Por exemplo, a palavra *café* tanto pode se referir à bebida ("tomei um café caprichado hoje") quanto ao grão ("a saca do café está mais cara neste ano") ou, ainda, a um lugar ("a gente podia se encontrar no café depois da minha aula").

É claro que, dentro da sentença, acomodamos tanto a homonímia quanto a polissemia e entendemos apenas o significado mais relevante. Assim, a ambiguidade lexical se resolve.

Mas as sentenças também podem ser ambíguas por diversos fatores. Um deles é a ocorrência de uma estrutura truncada, ou seja, uma ambiguidade estrutural ou sintática.

O menino viu o incêndio do prédio.

Essa sentença é um exemplo clássico da literatura. Podemos ver, nela, duas estruturas que nos levam a interpretações diferentes: (i) o menino estava no prédio e de lá viu o incêndio; (ii) ocorreu um incêndio no prédio, e foi isso que o menino viu. Observe que, se você ouvir uma pessoa enunciando essa sentença, provavelmente a prosódia, a "entonação" que a pessoa vai usar, deve esclarecer qual o sentido real, tornando a sentença não ambígua; da mesma forma, se houver um conhecimento prévio a respeito do menino, do prédio ou do incêndio, a sentença terá uma única interpretação. No entanto, da forma como aparece aqui, ela é ambígua.

A vagueza diz respeito ao fato de que a língua não é precisa, isto é, quando não é possível fazer referência precisamente a determinados elementos presentes no mundo. Em alguns casos, isso aos limites do mundo (sabemos onde é o cume de uma montanha, mas onde é o pé?). Em outros casos, diz respeito ao limite da língua e das relações que somos capazes de estabelecer com ela. Por exemplo, podemos afirmar a temperatura exata na qual a água ferve (100 °C no nível do mar), mas qual é a temperatura exata para a água "estar quente"? E, ainda, podemos dizer que a temperatura de uma água quente é bem maior do que a temperatura de um dia quente e muito maior do que a de uma cerveja quente.

Não são apenas os adjetivos (como *alto, baixo, quente, frio, magro, gordo, grande, pequeno*) que podem ser vagos. Substantivos e advérbios também: quando vemos um monte de areia, sabemos que ali há trilhões de grãos, mas quando o acúmulo de grãos passa a ser considerado "um monte"? Quantas pessoas é preciso haver para que se considere determinada aglomeração uma "multidão"? Ou, ainda, que critério define se uma distância é "perto" ou se determinada pessoa acordou "cedo"?

Nesse sentido, podemos perceber que estudar os significados das palavras fora de contexto nem sempre nos leva a conclusões satisfatórias, porque os significados nos escapam. Sabemos exatamente o que é uma "multidão" até passarmos a nos questionar sobre o conceito. É por isso que a semântica vai se ocupar, majoritariamente, do significado de sentenças (e, mais modernamente, das sentenças em contextos), construído a partir do significado das palavras e da relação que elas mantêm entre si.

quatropontoquatro
Pressuposição e acarretamento

Conforme citamos anteriormente, há questões de significação que ultrapassam os limites das palavras e chegam ao nível da sentença. Isso significa dizer que as sentenças apresentam conteúdos os quais são veiculados pela soma dos significados individuais das palavras que as compõem e, assim, significam mais do que cada palavra isoladamente. Essa constatação é chamada de *princípio de composicionalidade*. Basicamente, o que esse princípio nos diz é que, somando os significados individuais das palavras, somos capazes de saber o significado da sentença, mesmo que nunca tenhamos ouvido aquela combinação de palavras antes. Além disso, para essa soma a ordem dos fatores afeta o produto: "João beijou Maria" e "Maria beijou João" apresentam os mesmos elementos, mas significados diferentes.

Quando fazemos essa "soma" de palavras, no entanto, sempre usamos nosso conhecimento de mundo. Os significados que somos capazes de apreender estão, de alguma forma, relacionados com aquilo que já sabemos e, com base nas sentenças, somos capazes de interpretar coisas além do que as que foram ditas. Quando esse conhecimento se refere ao contexto ou a informações prévias que já tínhamos sobre a situação, dizemos que se trata de um conhecimento pragmático. No entanto, quando esse conhecimento tem a ver com o que sabemos que as palavras e suas relações podem significar, estamos diante de um conhecimento semântico.

Digamos que alguém profira uma sentença como:

Meu pai parou de fumar.

Somos capazes de interpretar, com base nessa declaração, uma série de coisas: a pessoa que falou isso tem um pai, o qual está vivo; sabemos também que ele fazia uma ação no passado, que no presente não faz mais e que tal ação era fumar. Também somos capazes de interpretar que a saúde do pai vai ficar melhor agora, que fumar faz mal e que esse pai terá dias difíceis a partir de agora (num contexto em que se saiba que esse pai largou recentemente o vício), mas esses conhecimentos vêm do mundo, enquanto aqueles primeiros conhecimentos vinham diretamente da sentença.

Saber que "parar de fumar" significa que "antes do tempo da enunciação, x fumava" é um conhecimento semântico conhecido como pressuposição. De acordo com a definição de Chierchia (2003, p. 186), "A pressupõe B se e somente se B deve ser dada como certa em todo contexto no qual A é usada". Um dos testes mais conhecidos para isso é a construção da p-família (família pressuposicional).

Ora, mas o que é a p-família de uma sentença?

É um conjunto de sentenças possíveis de serem formadas negando-se o conteúdo daquela sentença, perguntando-se seu conteúdo, utilizando-a como antecedente de um condicional* ou colocando-a numa forma clivada. Ou seja, são sentenças que, supostamente, mantêm o mesmo conteúdo informacional que a sentença-mãe.

Meu pai parou de fumar.

> Negativa: Meu pai não parou de fumar.
> Condicional: Se meu pai parou de fumar, então eu sou o próximo.
> Interrogativa: Meu pai parou de fumar?
> Clivada: Foi meu pai quem parou de fumar.

Em todas essas sentenças, a informação de que "meu pai fuma" está pressuposta. Não importa a operação que se faça com "parar de fumar", o conteúdo pressuposto está mantido. Vejamos, porém, o que acontece com a sentença a seguir:

João sabe que Maria está grávida.

---

* Numa sentença do tipo "Se X, então Y", X é chamado de *antecedente*, enquanto Y é chamado de *consequente*.

Com base nela, podemos afirmar que Maria está grávida? Podemos fazer o teste da p-família:

> Negativa: João não sabe que Maria está grávida.
> Condicional: Se João sabe que Maria está grávida, então ele vai dar no pé.
> Interrogativa: João sabe que Maria está grávida?
> Clivada: É João quem sabe que Maria está grávida.

Depois desse teste, podemos concluir que a afirmação "Maria está grávida" se mantém em todas as sentenças da p-família. Vamos, contudo, modificar essa sentença apenas um pouquinho:

João acha que Maria está grávida.

Vamos fazer o teste novamente:

> Negativa: João não acha que Maria está grávida.
> Condicional: Se João acha que Maria está grávida, então ele vai dar no pé.
> Interrogativa: João acha que Maria está grávida?
> Clivada: É João quem acha que Maria está grávida.

E agora? É possível afirmar que Maria está grávida?

Quando usamos o verbo *saber*, a verdade do que está sendo dito é pressuposta: se João sabe algo, este algo existe. Entretanto, quando usamos o verbo *achar*, a pressuposição não é de verdade: pode ser que você acredite em alguma coisa que não é verdade.

Estamos destacando isso para que você lembre, sempre, que o significado das palavras é importantíssimo quando vamos pensar nas relações que as sentenças estabelecem.

Outra noção semântica importante, normalmente estudada quando se analisa ideia de pressuposição, é o **acarretamento**. Essa relação entre sentenças é bastante semelhante ao que vimos sobre hiponímia. Por exemplo:

João comprou um Renault Duster.

Quando enunciamos a sentença anterior, se ela é verdadeira, é verdadeiro também "o que está para baixo" na quantidade de informação veiculada, ou seja: João comprou um carro; João comprou um automóvel; João comprou um produto da marca Renault. Todas essas sentenças são acarretadas por "João comprou um Renault Duster", porque elas são verdadeiras se a sentença enunciada for verdadeira.

O contrário, porém, não se aplica. Pensemos numa sentença como:

João comprou um carro.

Nesse caso, não podemos afirmar, com base nessa sentença, que é verdade que João comprou um Renault Duster ou que João comprou um Renault. Não podemos inferir nada além do que o que foi expressamente dito, assim como na relação de hiponímia.

Outro critério para sabermos se uma sentença acarreta outra seria o fato de que negar uma significaria a existência de duas sentenças contraditórias. Por exemplo:

> *João comprou um Renault Duster,*
> *mas João não comprou um automóvel.*

Não faz sentido enunciar a sentença acima. Se é verdade que João comprou um Renault Duster, é verdade que João comprou um automóvel.

Portanto, existem três critérios que nos permitem saber se uma sentença acarreta outra:

1. A informação que uma passa está contida na informação da outra, ainda que não simetricamente (A está contida em B, mas B não está contida em A).
2. Se uma for verdadeira, a outra também será. Se uma for falsa, a outra também será.
3. Se uma das duas for negada, teremos uma contradição.

Transpondo para as sentenças os conceitos que aprendemos sobre as palavras, observe este exemplo:

> *João é alto e é um jogador de basquete.*

Com base nessa sentença, é verdadeiro ou falso dizer que "João é um jogador alto de basquete"? Pense bem, não é tão óbvio quanto parece. Você lembra quando comentamos que havia adjetivos que podiam ser vagos? De fato, João pode não ser alto para um jogador de basquete e, ainda assim, ser alto para a maioria das pessoas. Ele pode ter 1,90 m, ao passo que a média de altura dos jogadores de basquete é de 2 m, por exemplo. Ou seja, se negarmos a sentença "João é um jogador alto de basquete", não necessariamente negaremos "João é alto e é um jogador de basquete";

a verdade de uma não depende da verdade da outra, apesar de, aparentemente, a informação de uma estar contida na outra.

Síntese

Neste capítulo, pudemos observar que aspectos e propriedades semânticas estão em jogo no momento em que palavras e sentenças são enunciadas.

Uma sentença pode pressupor e acarretar outras sentenças, enquanto uma palavra pode tomar como referência um conjunto maior ou menor de coisas. Uma palavra pode, ainda, ter sinônimos e antônimos, bem como pode ser polissêmica ou vaga. Além disso, estudamos a possibilidade de ambiguidades entre sentenças e palavras, que, em certa medida, podem ser resolvidas pela prosódia, no caso de sentenças, ou pelo contexto. Vimos, ainda, que a significação das sentenças parte da soma dos significados das palavras que as compõem, mas isso não é tudo, porque as sentenças relacionam também seus significados entre si.

Atividades de autoavaliação

1. Assinale a alternativa em que há sinônimos:
a. NaCℓ – sal de cozinha.
b. Normal – diferente.
c. Lápis – lapiseira.
d. Regular – irregular.

2. Assinale a alternativa em que há antônimos:
a. Grande – irregularidade.

b. Alto – baixo.
c. Trazer – dobrar.
d. Ler – ver.

3. Assinale a alternativa em que há um homônimo:
a. Parentesco.
b. Computador.
c. Cessão.
d. Leitura.

4. Assinale a alternativa em que há uma palavra polissêmica:
a. Unha.
b. Caneca.
c. Prateleira.
d. Pé.

5. Assinale a alternativa em que há primeiro um hipônimo e depois o seu hiperônimo.
a. Casa<casarão.
b. Mulher<ser humano.
c. Aves<pássaro.
d. Música<nota.

6. Leia as afirmações a seguir e depois assinale a alternativa correta:
I. *As crianças sabem que pássaros piam.*
   Pássaros piam.
   A primeira sentença pressupõe a segunda.

II. *Pedro e Maria são casados.*
Pedro é casado.
A primeira sentença acarreta a segunda.

III. *Eu comi bolo e rosquinhas de chocolate.*
Essa não é uma sentença ambígua.

IV. *João ama mulheres, mas João não ama mulheres.*
Esse é um exemplo de sentença contraditória de acordo com o que estudamos.

V. *O rapaz beijou a moça.*
A moça foi beijada pelo rapaz.
A segunda sentença não é a paráfrase da primeira.

a. Apenas I, II e V estão corretas.
b. Apenas IV e III estão corretas.
c. Apenas a V está incorreta.
d. Apenas I, II e IV estão corretas.

Atividades de aprendizagem

1. Elabore a p-família da sentença a seguir:

   João acha que Maria sabe que está grávid

2. Que tipo de informação é necessária para entender a propaganda a seguir? Separe entre conteúdos linguísticos e conteúdos contextuais as informações que você levantou.

   Com o desodorante X, você não fede nem cheira.

um	Morfossintaxe da língua portuguesa
dois	Estrutura da sentença
três	Tipos de sentença e sua significação
quatro	Significação e palavras
# **cinco**	**Papéis semânticos**
seis	Elementos anafóricos

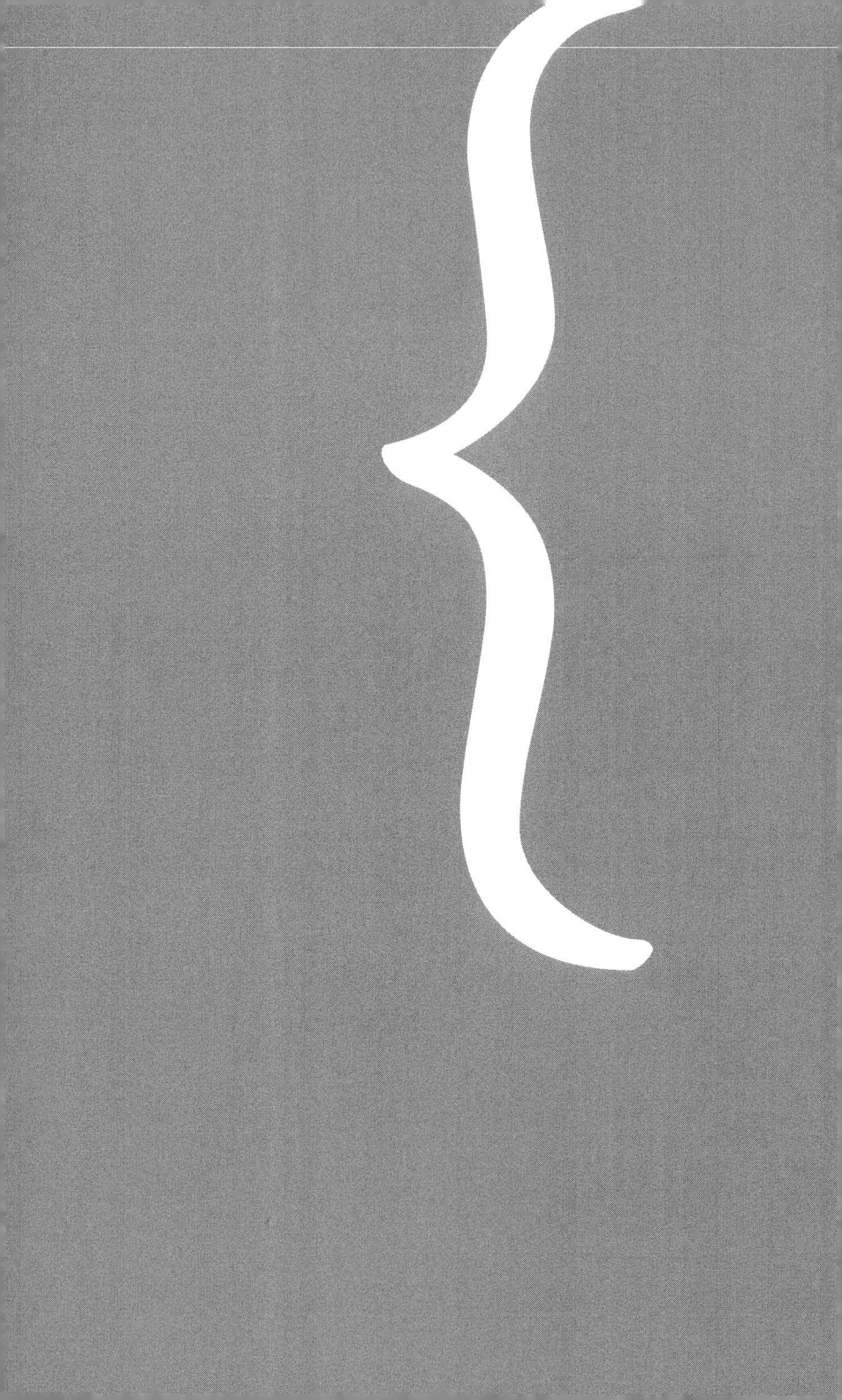

❰ NESTE CAPÍTULO, NOSSO foco será o núcleo do predicado, ou seja, o verbo. Esse núcleo estabelece certa relação com seus argumentos (sujeito + complemento), bem como atribui a eles uma determinada função. Vamos chamar essa função de *papel temático* (ou, ainda, *papel semântico, relação semântica* ou *função semântica*).

A ideia aqui é verificar quais seriam essas funções e que tipo de relação existe entre as funções sintáticas nas sentenças.

Iniciaremos com a definição e, em seguida, veremos a caracterização dos papéis temáticos.

cincopontoum
Relações semânticas entre os constituintes

Observe o seguinte exemplo:

*O copo comeu o carro.

Já que ninguém produziria uma sentença assim, diríamos que essa sentença é agramatical. No entanto, de acordo com tudo o que já vimos, ela tem uma estrutura correta, visto que temos um sujeito e um predicado. Então, qual seria o "problema" dessa oração?

Pelo nosso conhecimento de mundo, sabemos que copos não são seres animados, capazes de comer (talvez num mundo de fantasia), bem como temos a noção de que carros não são coisas possíveis de serem comidas.

Com base nessas considerações, podemos esboçar certas considerações: (a) o elemento (o termo) lexical que aparecer em frente ao verbo, ou seja, na posição de argumento externo* do verbo *comer*, precisa ser algo animado capaz de comer; (b) o elemento lexical que aparecer após o verbo, portanto, na posição de argumento interno do verbo *comer*, precisa ser algo capaz de ser comido. Então, independentemente do item lexical que aparecer

---

* Para deixar um pouco mais clara a ideia de argumento externo e interno de um verbo, vejamos o verbo *comer* como exemplo: "Pedro come chocolate". O verbo comer precisa de dois argumentos, afinal, temos quem come e o que é comido. Quem come, no caso, Pedro, é o argumento externo, enquanto aquilo que é comido, no caso, o chocolate, é o argumento interno desse verbo. Esses nomes estão relacionados à estrutura sintática pedida pelo verbo *comer*. Essa noção deve ser mais bem estudada num curso específico de sintaxe.

nessas posições, ele precisa cumprir com essas exigências, do contrário, a sentença é agramatical.

Até podemos dizer, *grosso modo*, que essas exigências são os papéis temáticos. O papel temático, então, nada mais é do que a função atribuída pelo verbo aos seus complementos, de acordo com a relação estabelecida entre eles.

cincopontodois
Tipos de papéis semânticos

Para entendermos melhor como tudo isso se organiza na língua, veremos quais são os tipos de papéis semânticos. Como não há um consenso na literatura quanto aos tipos existentes*, utilizaremos a tipologia de Cançado (2012). A autora nomeia esses papéis como: *agente, paciente, causa, instrumento, tema, experienciador, beneficiário, objetivo, locativo, alvo* e *fonte*.

Vejamos cada um deles.

a. **Agente:** É um ser animado que desempenha uma ação.
Exemplo: *O rapaz esfregou a roupa.*
Nessa sentença, [o rapaz] é o elemento, animado, que desempenha a ação de esfregar.

b. **Paciente:** É o ente que sofre o efeito de algo e, então, seu estado muda.
Exemplo: *A moça limpou a roupa.*

---

* Em Castilho (2010, p. 255-256), há uma tabela com os diferentes tipos de papéis temáticos para cada autor que trabalha com esse assunto.

Nesse caso, temos [a roupa] como paciente, visto que ela sofre a ação de ser limpa e seu estado muda, ou seja, ela deixa de estar suja e passa a estar limpa.

Em relação aos papéis de agente e paciente, Cançado (2012) apresenta testes propostos por Jackendoff (1972). Um deles é o de usar algumas estruturas para encontrar os papéis temáticos. Para o de agente, a estrutura seria "O que (X) fez foi..." e, para o de paciente, seriam duas possibilidades de estrutura: (i) "O que aconteceu com Y foi" e (ii) "O que Z fez com Y foi...".

c. Causa: É parecido com o agente. A única diferença é que a causa não é um ser animado e, portanto, não tem controle sobre a ação.

Exemplo: *A geada destruiu a horta do Seu José.*

[A geada] aqui faz a ação de destruir algo, no entanto ela não tem controle sobre sua ação, visto que ela não é um ser animado.

d. Instrumento: É aquilo que se usa para realizar uma ação.

Exemplo: *A moça lavou a roupa com sabão em pó.*

[Sabão em pó] está sendo usado aqui como o instrumento para lavar a roupa, permitindo que a ação possa ser desempenhada.

e. Tema: É aquele que muda de lugar quando a ação é realizada.

Exemplo: *Pedro jogou o dardo no alvo.*

O [dardo] é considerado tema, pois muda de lugar: ele está junto a Pedro e, depois, vai para o alvo.

f. Experienciador: É aquele que sente, experiencia algo. É um ser animado e está relacionado a um lado mental, psicológico ou perceptual.
Exemplo: *Aquela mãe ama seus filhos igualmente.*
O sentimento de amar é experienciado, é sentido, por [aquela mãe].

g. Beneficiário: É aquele que se beneficia de algo, no caso, da ação.
Exemplo: *Ele pagou para o agiota o que lhe devia.*
Nesse caso, [o agiota] é beneficiado pelo pagamento da dívida que alguém tinha com ele.

h. Objetivo (ou objeto estativo): É aquele a que se faz referência.
Exemplo: *Ele ouviu sua música preferida.*
No momento em que ele escuta [sua música preferida], nada acontece com a música, ou seja, ela não muda de estado nem é afetada pela ação de ouvir.

i. Locativo: É o local em que algo ocorre.
Exemplo: *Minha banda preferida toca todas as noites neste bar.*
[Este bar] é o local em que a banda toca todas as noites.

j. Alvo: É para onde algo ou alguém vai, a direção na qual algo ou alguém se move.
Exemplo: *Ele chutou a bola para o gol.*
[O gol] é o alvo para onde a bola é chutada.

k. Fonte: É o contrário de alvo, já que é o lugar de onde algo ou alguém se move.
Exemplo: *Meus pais vieram de outra cidade.*
O local de onde meus pais vieram, no caso, [outra cidade], é a fonte.

cincopontotrês
Hierarquia temática

Vejamos as sentenças a seguir:

Pedro abriu a janela.
A janela abriu.
O vento abriu a janela.

Temos nos exemplos diferentes termos lexicais em posição de sujeito. Cada um deles tem um papel temático, a saber: agente, paciente e instrumento, respectivamente. Portanto, podemos ter diferentes tipos de papel semântico para uma mesma posição sintática. No entanto, os papéis não ocorrem necessariamente em qualquer uma dessas posições. De acordo com Cançado (2012), a alternância verbal e a hierarquia temática ocorrem por isso. Pela alternância verbal, os papéis podem aparecer em diferentes posições, e a hierarquia temática determina as preferências por certos papéis para ocupar a posição de sujeito. O mais comum é o papel de agente estar em posição de sujeito; no entanto, há outras possiblidades, como as que vimos anteriormente. A hierarquia temática pode variar de acordo com o autor, por isso, vamos assumir uma delas (Cançado, 2012, p. 114):

Agente > Experienciador/Beneficiário > Tema/Paciente > Instrumento > Locativo

Essa, então, seria a hierarquia quanto ao aparecimento desses papéis em posição de sujeito, sendo agente o mais comum e locativo o menos comum. Em uma língua que apresente o agente nessa posição inicial da hierarquia, todos os outros papéis que se seguem também aparecerão. Já em uma língua que não o apresenta, mas que tem o papel de tema/paciente, todos os papéis temáticos que existirão na língua em posição de sujeito serão os que estão depois de tema/paciente na hierarquia e, portanto, os papéis de agente e de experienciador/beneficiário não ocorrerão nessa língua. Em português brasileiro, temos agente em posição de sujeito; assim, todos os outros papéis da sequência podem aparecer.

Para identificar o agente e o paciente, muitos utilizam um teste que é bastante simples (Jackendoff, 1972, 1990). Em relação ao agente, o teste consiste em utilizar a expressão *deliberadamente* com ele – se ficar gramatical, estamos diante do agente.

Pedro deliberadamente abriu a janela.
* *O vento deliberadamente abriu a janela.*

Outro teste elaborado por Jackendoff (1990) é utilizar a estrutura "O que ... fez foi" para o agente e "O que aconteceu com ... foi" para o paciente. Ainda, é possível usar também "O que ... fez com ... foi", sendo que o primeiro espaço pode ser completado com um agente, e o segundo, com um paciente.

Se aplicarmos o teste em uma sentença como "João beijou Maria", teremos, respectivamente, "O que João fez foi...", "O que aconteceu com Maria foi... ", "O que João fez com Maria foi... ". Se trocarmos *Maria* por *João* nesses testes, as estruturas não ficarão de acordo com a ideia da sentença proposta.

Síntese

O objetivo deste capítulo foi apresentar os papéis temáticos mostrando em que eles consistem e que importância têm para o estudo da sintaxe e da semântica. Os papéis temáticos influenciam na gramaticalidade ou não das sentenças, pois o elemento central da oração, o verbo, "pede" características específicas das palavras, para que, na junção destas, haja um significado e a consequente compreensão do que se está tentando dizer.

Atividades de autoavaliação

1. Classifique os sintagmas em destaque nas sentenças a seguir de acordo com a numeração, que se refere à classificação dos papéis semânticos apresentada neste capítulo:

(1) Agente

(2) Paciente

(3) Causa

(4) Instrumento

(5) Tema

(6) Experienciador

(7) Beneficiário

(8) Objetivo

(9) Fonte

(10) Alvo

(11) Locativo

a. O marido ( ) beijou a mulher ( ).
b. O cientista ( ) ama a ciência ( ).
c. O resultado ( ) preocupou o atleta.
d. O construtor ( ) quebrou o piso ( ) com uma marreta ( ).
e. O patrão ( ) pagou o salário ( ) para a funcionária ( ).
f. Agora Pedro está em Curitiba ( ); ele voltou de São Paulo ( ) ontem.
g. Ele chutou a bola para o gol ( ).

2. Observe as sentenças a seguir e o comentário feito para cada uma delas. Em seguida, assinale somente o que estiver correto:
a. Em "Os pais amam seus filhos", temos o sintagma nominal [os pais] em posição de sujeito e com papel temático de experienciador.
b. Na sentença "A carta chegou", é possível verificar o papel de agente em [a carta].
c. "A namorada ganhou um lindo presente do namorado" é uma sentença que apresenta um sujeito com o papel temático de beneficiário.
d. "A namorada ganhou um lindo presente do namorado" é uma sentença que apresenta um objeto, a saber, [do namorado], cujo papel temático é de instrumento.

3. Analise as afirmações a seguir e indique se são verdadeiras (V) ou falsas (F):
( ) O papel temático de agente pode aparecer na posição de sujeito.
( ) Sujeito instrumento pode ser exemplificado com a sentença "Minha chave abriu aquela porta".

( ) Experienciador é um tipo de papel temático usado exclusivamente para pessoas que fizeram algum tipo de experiência científica.

( ) Se alguém diz que o *show* aconteceu no Palco Mundo do Rock in Rio, o papel temático de locativo é o sintagma [Palco].

( ) "Meu carro morreu na estrada" não é uma sentença possível no português brasileiro, porque [meu carro] não é o agente, e somente agentes são possíveis na posição de sujeito.

( ) Podemos dizer que um sintagma como [a flecha] pode ser tema em "A flecha atingiu a maçã" e paciente em "Ela quebrou a flecha".

4. Analise as sentenças a seguir e classifique os sintagmas que aparecem em destaque quanto à posição sintática e ao papel temático usando as seguintes abreviações:

(S) Sujeito

(O) Objeto

(A) Agente

(P) Paciente

(T) Tema

( ) e ( ) As crianças construíram um castelo.

( ) e ( ) Meu dardo atingiu o meio do alvo.

( ) e ( ) O tombo machucou o bebê.

( ) e ( ) Ele arremessou a bola para a cesta.

5. Leia o texto a seguir. Na sequência, classifique os sintagmas sublinhados e marque a opção correta:

> Carlinhos, de apenas quatro anos, acordou numa manhã com um grande barulho em sua casa, encontrou sua mãe largada sobre o chão coberta de sangue e seu pai como um louco a chorar sobre ela. Ele tentou se aproximar da mãe morta, mas o tumulto de empregados e a chegada dos policiais que fecharam o quarto pondo todos pra fora o impediram. Um dos empregados comentou que havia visto o senhor com uma arma na mão e a senhora no chão.

a. Agente – alvo – fonte – tema.
b. Paciente – locativo – causa – instrumento.
c. Agente – locativo – agente – instrumento.
d. Paciente – alvo – agente – instrumento.

Atividades de aprendizagem

1. Explique a(s) razão(ões) para a existência, em língua portuguesa, do fenômeno identificado a seguir com o verbo *quebrar*.

Pedro quebrou a janela.

A bola quebrou a janela.

A janela quebrou.

2. Analise as sentenças a seguir. Por que elas são consideradas agramaticais numa situação real, no mundo real? A razão é a mesma em todos os casos? Por quê?
I. * O menino comeu o teatro.
II. * O livro correu.
III. * Ele abriu a porta com o sol.
IV. * A caneta gosta de bichos.

3. Analise alguns livros didáticos utilizados nas escolas e responda:
a. Papéis temáticos são estudados? De que forma?
b. Você acha relevante propor esse tipo de estudo? Por quê?
c. Como você acha que esse tema poderia ser trabalhado na escola? Em quais anos escolares? Explique e argumente.

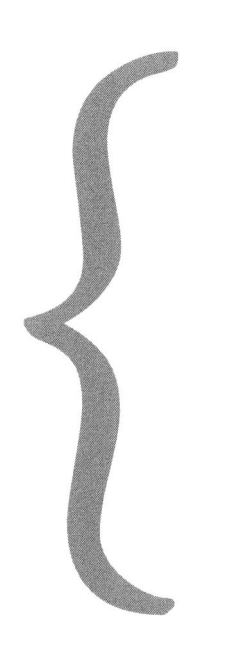

{

um	Morfossintaxe da língua portuguesa
dois	Estrutura da sentença
três	Tipos de sentença e sua significação
quatro	Significação e palavras
cinco	Papéis semânticos
# **seis**	**Elementos anafóricos**

❰ NÓS NOS COMUNICAMOS por meio de textos, ou de enunciados, e não por meio de sentenças isoladas. Isso serve tanto para a fala quanto para a escrita. Assim, quando nos comunicamos, muitos dos termos que usamos têm relação com algum outro já mencionado, o que assegura a coesão dos enunciados. Essa relação se dá por algumas palavras conhecidas como *elementos anafóricos*, como pronomes e elipses.

Esse é o assunto do presente capítulo. Veremos como pronomes e elipses funcionam na língua portuguesa.

seispontoum
Anáforas

Elementos anafóricos são aqueles que retomam uma informação já citada no texto, ou relacionam uma nova informação à outra já citada anteriormente ou que está disponível para ser acessada no contexto que os interlocutores compartilham.

6.1.1 Pronomes

Tomemos a seguinte sentença:

Pedro comprou um anel para Maria e ela o achou lindo.

Temos aqui dois pronomes: *ela* e *o*. Dizemos que *ela* se refere ao termo [Maria], e *o*, a [anel]. Nesse caso, tanto os referentes quanto os pronomes estão na mesma sentença; no entanto, não precisa ser sempre assim. Muitas vezes, a referência é feita a algo de fora da sentença, a algo do contexto.

Ela acha ele lindo.

Para que possamos compreender a quem *ela* e *ele* se referem, precisamos buscar a informação em um contexto. Se não tivermos acesso a nenhum contexto, não conseguiremos interpretar completamente: apenas absorveremos o sentido de que uma pessoa acha algo ou alguém lindo. Nesse caso, se usarmos como informação anterior o fato de "Maria ter ganho um anel de presente", poderemos dizer que *ela* se refere a [Maria], e *ele*, a [anel].

É interessante observar como os pronomes pessoais, em especial, funcionam. Primeiramente, pronomes não substituem nomes, mas sintagmas inteiros. Segundo, esse tipo de pronome precisa sempre de um referente. O *eu*, por exemplo, sempre se refere à pessoa que fala, enquanto *tu/você*, *vós/vocês*, dizem respeito à pessoa com quem se fala, e *ele/ela*, *eles/elas* se relacionam às pessoas/coisas de que se fala. Os pronomes oblíquos fazem sua retomada semelhantemente aos pronomes retos.

Os outros tipos de pronomes (demonstrativos, possessivos, indefinidos, relativos) também fazem referência ao contexto em questão, seja por meio de um item lexical, seja por intermédio de expressões corporais, como apontar para algo enquanto se enuncia uma sentença como "Isso é meu". O *meu* fará referência a quem fala, enquanto a referência do *isso* pode ser resolvida pelo falante apontando para algo que é dele, ou por algo que foi enunciado previamente (uma pessoa pode ter perguntado, por exemplo: "De quem é esse caderno?"), ou, ainda, por algo que o falante tem nas mãos e apresenta dizendo que é dele.

Vale a pena notar que a posição em que esses elementos estão faz diferença no momento em que se tenta estabelecer uma relação de referenciação. Para entendermos melhor essa questão, vejamos os exemplos a seguir:

<u>A filha de Maria</u> se penteou em frente ao espelho.

<u>Maria</u> acredita que <u>o filho</u> gosta dela.

Ele, <u>o João</u>, pensa que <u>o namorado
da filha</u> não é uma boa pessoa.

Vejamos uma a uma as sentenças anteriores. Na primeira, temos *se* e dois possíveis referentes: [a filha de Maria] e [Maria]. No entanto, ninguém faz a referência ao segundo termo possível, por conta da posição que ele ocupa. Portanto, em sentenças com esse tipo de estrutura, a referência vai ocorrer sempre ao termo que ocupa a posição ocupada por [a filha de Maria].

Já na segunda, temos o pronome [ela], que nesse caso tem dois possíveis referentes, mas que não aparecem na mesma sentença, afinal, [o filho] não pode ser o referente de *ela*. Nesse caso, nós temos as seguintes possibilidades: (a) *ela* está relacionado a [Maria], a mãe dele; ou (b) *ela* se refere a uma outra pessoa, por exemplo, a namorada dele, que não aparece na sentença. Se compararmos essas duas primeiras sentenças, veremos que *se* e *ela* funcionam diferentemente, afinal, o *se* não pode fazer referência a algo que não está na sentença.

A terceira sentença apresenta o pronome *ele*, que, aparentemente, pode funcionar como o *ela* da segunda sentença; no entanto, ele faz referência a algo que ainda vai aparecer na sentença, mas que não pode estar "muito longe", além de não poder ser alguém de fora da sentença. Portanto, aqui, *ele* só pode se referir a *o João*, e não a *o namorado da filha* nem a uma outra pessoa que não tenha aparecido nessa sentença complexa.

Os termos que também fazem esse tipo de referência, mas para o contexto, são alguns advérbios (apesar de não serem termos anafóricos propriamente ditos, vale a pena falarmos brevemente sobre eles).

Quando usamos *ontem, aqui, lá, semana passada* etc., existe de alguma forma uma referência sendo feita – precisamos de um referencial para compreendermos o sentido, ou seja, ao usarmos a palavra *ontem*, sabemos que se refere ao dia anterior ao dia em que a sentença foi falada. No entanto, essas palavras precisam de um contexto mais pragmático do que os pronomes. *Aqui* funciona um pouco como um pronome pessoal do tipo *eu*, afinal, *aqui* representa o local em que a pessoa que fala está.

6.1.2 Elipse

Além dos termos apresentados no item anterior, a elipse de palavras e frases também faz parte deste estudo. Vejamos os exemplos abaixo:

> *O menino ganhou uma bola e a menina não.*
> *Eu fiz o que ela pediu.*

Nesses dois casos, temos uma elipse de algo que já foi dito anteriormente, mas que não é dito novamente. Para tornarmos o tema mais evidente, vejamos as sentenças reproduzidas sem a elipse:

> *O menino ganhou uma bola e a menina não [ganhou uma bola].*
> *Eu fiz o que ela pediu [que eu fizesse/para eu fazer].*

Podemos perceber, portanto, que há uma parte da sentença que não é falada, mas é interpretada por meio de uma projeção. Observe que, se não se conhece a primeira parte da sentença, fica impossível compreender o que a segunda quer dizer. Portanto, se apenas se conhecesse o excerto "e a menina não", não seria possível interpretar a sentença. Nos dois casos, uma sentença inteira ficou elíptica. Entretanto, também é possível fazer a elipse de apenas um sintagma, como em:

O menino ganhou uma bola, mas a menina não ganhou.

Nessa sentença, o sintagma nominal [uma bola] está elíptico. Assim, podemos dizer que não somente sentenças, mas também sintagmas podem sofrer elipse, desde que ambos disponham de algo prévio para se fazer a referência.

Ainda, podemos acrescentar mais informações:

O menino ganhou uma bola vermelha e a menina não.

O que parece estar sendo retomado aqui é [ganhou uma bola vermelha]. No entanto, se tivéssemos uma sentença como a apresentada a seguir, o termo elíptico seria apenas [bola], e não toda a sentença.

O menino ganhou uma bola vermelha e a menina uma azul.

6.1.3 *Também*

A palavra *também* faz referência a algo prévio da sentença, mas é seguida de uma elipse.

Vejamos as sentenças a seguir:

O menino ganhou uma bola e a menina também.

O menino ganhou uma bola vermelha e a menina também.

Na primeira sentença, *também* pode retomar a ideia de que a menina também [ganhou uma bola]. Na segunda, ele retoma que a menina [ganhou uma bola vermelha]. Porém, podemos dizer que, na segunda, retoma-se apenas [ganhou uma bola], e essa bola não precisa ser vermelha. Observe que essa segunda interpretação não é tão clara.

A palavra *também*, contudo, não é possível em uma sentença como:

*O menino ganhou uma bola vermelha e
a menina também uma azul.

Assim, vemos que *também* exerce funções diferentes na frase, a depender do que se assume que ele está retomando. Além disso, interpretações diferentes são possíveis quando se considera que um ou outro antecedente está sendo retomado.

Síntese

Este capítulo teve como principal objetivo apresentar a forma como elementos podem estar relacionados dentro de uma sentença, bem como o tipo de referência que eles podem fazer, além de demonstrar que não se pode fazer referência com qualquer termo em qualquer posição da sentença.

Trabalhamos esse assunto apresentando os pronomes e as elipses e fizemos um breve adendo para demonstrar o funcionamento de alguns advérbios e da palavra *também*. Relações dessa natureza são de suma importância na comunicação – vários deslizes de compreensão podem ocorrer dependendo das palavras e posições usadas.

Atividades de autoavaliação

1. Assinale as alternativas corretas quanto às palavras que estabelecem relação:
   I. O rapaz achou que ele iria embora antes.
      a. ele = o rapaz
      b. ele = outra pessoa
      c. ele = o rapaz ou outra pessoa

II. Marta viu que Maria e Julia machucaram uma a outra.
   a. uma a outra = Marta, Maria e Julia
   b. uma a outra = Maria e Julia
   c. uma a outra = outras pessoas

III. A mãe pediu e a menina se arrumou em seu quarto.
   a. se = a mãe
   b. se = a menina
   c. se = a mãe e a menina

IV. O pai pediu ao filho que ficasse em seu quarto.
   a. seu = o pai
   b. seu = o filho
   c. seu = o pai ou o filho

V. Maurício saiu de casa cedo porque ele tinha uma reunião.
   a. ele = Maurício
   b. ele = outra pessoa
   c. ele = cedo

VI. A mãe estava preocupada com sua filha.
   a. sua = filha
   b. sua = a mãe
   c. sua = outra pessoa

VII. O menino viu quando ele, o caixeiro, perdeu suas vendas.
   a. ele = o menino
   b. ele = o caixeiro
   c. ele = o menino, caixeiro

VIII. Eu encontrei um tesouro.
- a. eu = pessoa que está lendo
- b. eu = pessoa que disse essa sentença
- c. eu = quem está escrevendo o livro

IX. A escola em que eu estudava ficava ali.
- a. ali = a escola
- b. ali = local distante de quem fala e com quem se fala
- c. ali = Curitiba

X. Pedrinho disse que gosta de sorvete. Sua irmã disse que também.
- a. também = disse que gosta de sorvete
- b. também = gosta de sorvete
- c. também = sorvete

2. Observe as elipses nas sentenças a seguir e assinale em cada caso a alternativa que contém uma possível forma de referência para a elipse:

I. O corredor andou pelo parque e sua esposa não.
- a. andou pelo parque
- b. é corredora
- c. não andou pelo parque

II. Ela gosta de comer frutas e pão, e ele, cereais.
- a. gosta de comer frutas e pão
- b. gosta de comer no café da manhã
- c. gosta de comer

III. O computador dela estragou e a câmera quebrou.
- a. dela
- b. sua
- c. estragou

IV. O trabalho de Física foi feito por mim, e o de Matemática, pelo meu vizinho.
   a. trabalho/foi feito
   b. trabalho/foi feito por mim
   c. feito/trabalho

V. Ele joga basquete todas as noites, e ela, todas as manhãs
   a. joga
   b. basquete
   c. joga basquete

3. Leia o pequeno parágrafo a seguir e indique se as afirmações são verdadeiras (V) ou falsas (F):

> Certo dia, aquela menina e seu irmão saíram cedo de casa. Na calçada, em frente à casa deles, ela encontrou uma boneca e ele um carrinho. O carrinho era de cor azul, mas a boneca não, ela era rosa. Sua mãe os viu pela janela e foi correndo para fora.

( ) *Deles*, na segunda linha, faz referência à [aquela menina] e a [seu irmão].
( ) O primeiro *ela*, na segunda linha, retoma [casa].
( ) O primeiro e o segundo *ela* têm a mesma referência, ou seja, [aquela menina].
( ) A elipse existente na terceira linha (que termina na quarta) pode ser retomada por [era de cor azul].
( ) *Sua*, em [sua mãe], na última linha, faz referência à [aquela menina] e a [seu irmão].
( ) *Seu*, na primeira linha, e *sua*, na última, estão relacionados ao mesmo termo: [mãe].
( ) O pronome [os], na última linha, refere-se aos filhos da mulher.

a. V, F, F, V, V, F, V.
b. F, V, V, F, F, V, F.
c. V, F, V, F, V, F, V.
d. Todas as alternativas são verdadeiras.

4. Em quais sentenças há elipse?
I. Meu sonho é ser feliz.
II. Felicidade não é algo que se compra, mas que se vive.
III. João está com sede e Maria está com fome.
IV. Ele come tanto que não sobra comida para mais ninguém.
V. Aquele livro é fantástico e seu autor, esplêndido.
VI. Ela fez tudo que o mágico pediu.

a. Há elipse em I, III e IV.
b. Há elipse em II, V e VI.
c. Há elipse em I, II, IV e VI.
d. Há elipse em todas as sentenças.

5. Assinale a afirmação correta:
a. Elipses são proibidas, porque não podemos recuperá-las no contexto.
b. Os pronomes pessoais só fazem relação com um termo que está na sentença, não há outra forma.
c. *Se*, como em *banhar-se*, é a mesma coisa que "um ao outro".
d. Não há erro em "eles se machucaram", desde que o *se* represente que um machucou o outro ou que mais de uma pessoa se machucou.

Atividades de aprendizagem

1. Procure em textos exemplos de estruturas como as que vimos aqui. Observe e anote como os casos identificados ocorrem.

2. Por que uma sentença como "João gosta da sua mãe" pode ser considerada ambígua?

3. Para você, qual é a relevância do que foi apresentado neste capítulo?

considerações finais

❦ ESTE LIVRO TEVE como objetivo despertar o interesse dos alunos do curso de Letras e, principalmente, apresentar ao futuro professor o incrível universo da linguagem. Vimos aqui conteúdos relacionados à estrutura interna das sentenças, de que forma elas se constituem e como significam algo na língua. Começamos com as palavras, passamos à estrutura interna, à sintaxe, e chegamos ao significado, à semântica.

A partir das reflexões propostas nesta obra, acreditamos que o professor estará mais apto para o momento em que chegar à sala de aula e perceber que precisa trabalhar com seus alunos um ensino mais tradicional, da mesma forma que estará apto a levá-los a refletir sobre a língua que os cerca (e que eles mesmos utilizam), para que não venham a dizer (ou, até mesmo, a repetir) que não gostam da aula de português, porque "é só decoreba". Instigar o aluno é o que torna o ensino e a aprendizagem mais interessantes. Um professor curioso e interessado certamente saberá criar em seus alunos o mesmo interesse e curiosidade pela língua que ele próprio teve como aluno.

    Certamente, todo o estudo aqui apresentado é apenas uma introdução, como o próprio título diz, para um enorme número de itens que podemos pesquisar. O estudo da nossa língua (e de qualquer língua) não se resume ao que foi apresentado neste livro. Há muito ainda para visitar e descobrir.

referências

CANÇADO, M. Manual de semântica: noções básicas e exercícios. São Paulo: Contexto, 2012.

CASTILHO, A. T. de. Nova gramática do português brasileiro. São Paulo: Contexto, 2010.

CHIERCHIA, G. Semântica. Tradução de Ligia Negri, Luiz Arthur Pagani e Rodolfo Ilari. Campinas: Ed. da Unicamp; Londrina: Eduel, 2003.

DIMENSTEIN, G. A declaração de amor mais criativa do ano. Folha de S. Paulo, 13 set. 2013. Disponível em: <http://www1.folha.uol.com.br/colunas/gilbertodimenstein/2013/09/1341419-a-declaracao-de-amor-mais-criativa-do-ano.shtml>. Acesso em: 21 set. 2013.

ILARI, R. Introdução ao estudo do léxico: brincando com as palavras. São Paulo: Contexto, 2002.

ILARI, R. Introdução à semântica: brincando com a gramática. São Paulo: Contexto, 2010.

JACKENDOFF, R. Semantic Interpretation in Generative Grammar. Cambridge: The MIT Press, 1972.

JACKENDOFF, R. Semantic Structures. Cambridge: The MIT Press, 1990.

MATTOSO CÂMARA JR., J. Estrutura da língua portuguesa. Petrópolis: Vozes, 1970.

VERÍSSIMO, L. F. A bola. In: VERÍSSIMO, L. F. Comédias para se ler na escola. São Paulo: Objetiva, 2001. p. 41-42.

bibliografia comentada

AZEREDO, J. C. de. Iniciação à sintaxe do português. Rio de Janeiro: Zahar, 1990.

Este é um livro fantástico para quem está aprendendo sintaxe. Ele apresenta a gramática de uma forma crítica e os fenômenos da língua de uma forma didática. Um livro muito bom para quem é aluno de Letras, bem como para professores dessa área.

BATISTA, R. de O. B. A palavra e a sentença: estudo introdutório. São Paulo: Parábola Editorial, 2011.

Toda a introdução referente à morfologia e à sintaxe está presente nesse livro. Além de explicações bastante didáticas, o autor apresenta ainda exercícios sobre os diversos temas trabalhados no livro.

CANÇADO, M. Manual de semântica: noções básicas e exercícios. São Paulo: Contexto, 2012.

Trata-se de um excelente livro de introdução à semântica. Como todo bom manual, é bastante didático e relevante para quem quer conhecer esse campo de estudo. Os exercícios presentes no livro também são muito significativos e ajudam a compreender melhor as noções semânticas abordadas pela autora. Nessa obra de Cançado, há vários capítulos sobre os tópicos que trabalhamos neste livro.

CASTILHO, A. T. de. Nova gramática do português brasileiro. São Paulo: Contexto, 2010.

Esse ótimo livro traz tudo que todo professor e aluno da área de Letras devem saber ou, ao menos, pensar em relação à língua e ao seu estudo. É uma obra mais aprofundada e apresenta uma visão mais funcionalista – apesar de apontar para outras visões também. Todo aluno deveria ler esse livro pelo menos uma vez na vida. Há capítulos específicos sobre os assuntos tratados nesta obra.

CHIERCHIA, G. Semântica. Tradução de Ligia Negri, Luiz Arthur Pagani e Rodolfo Ilari. Campinas: Ed. da Unicamp; Londrina: Eduel, 2003.

Este é um imprescindível manual de semântica para quem quer se aprofundar no assunto. Todos os temas relacionados à área são apresentados e discutidos na obra. Também conta com alguns exercícios para que o aluno possa testar os conhecimentos técnicos que vão sendo discutidos no decorrer da obra.

CRUZ, R. T. da (Org.). As interfaces da gramática. Curitiba: CRV, 2012.

Esse livro apresenta algumas das interfaces da gramática. É uma obra voltada para um estudo mais avançado, apesar de trabalhar com conceitos básicos, como papéis temáticos. Reúne vários artigos de diferentes áreas que se relacionam a essas interfaces.

ILARI, R. Introdução à semântica: brincando com a gramática. São Paulo: Contexto, 2010.

Nesse livro, Rodolfo Ilari apresenta questões de semântica de uma forma bastante didática e, até mesmo, lúdica. Cheio de exercícios e com leve conceituação teórica, trata-se de uma excelente escolha, tanto para o trabalho com universitários que estão iniciando seus estudos na semântica quanto com alunos de ensino médio.

MIOTO, C.; SILVA, M. C. F.; LOPES, R. Novo manual de sintaxe. São Paulo: Contexto, 2013.

Trata-se de um livro essencial para quem quer estudar a sintaxe da língua, bastante usado como introdução ao estudo da sintaxe em muitos cursos brasileiros de graduação e pós-graduação. No início, muitos leitores podem sentir certa dificuldade com os termos e seus correlatos, mas, à medida que se avança na leitura, o próprio texto ajuda a clarificar esses conceitos. A obra trabalha com a gramática gerativa transformacional, a mesma de Noam Chomsky, o linguista que mais revolucionou a teoria sintática.

PERINI, M. Princípios de linguística descritiva: introdução ao pensamento gramatical. São Paulo: Parábola Editorial, 2006.

Esse livro se propõe a introduzir aspectos do funcionamento estrutural da língua, por meio de análises sintáticas e semânticas. O interessante dessa obra é a forma como trabalha os conceitos e as possibilidades de "fazer gramática", além de ser de agradável leitura.

PERINI, M. Gramática descritiva do português. São Paulo: Editora Ática, 2002.

Com uma linguagem bastante acessível, esse livro descreve a organização da gramática de uma língua e os fenômenos que a envolvem. Todos os temas que trabalhamos neste livro (e mais alguns) são apresentados nessa obra de Mário Perini.

SAUTCHUK, I. Prática de morfossintaxe: como e por que aprender análise (morfo)sintática. Barueri: Manole, 2010.

A autora se propõe a trabalhar toda a morfossintaxe de uma forma mais didática, voltada para professores de língua portuguesa e alunos de Letras. Esse livro apresenta uma linguagem de fácil assimilação e traz aspectos importantes dessa área. Vale a pena para quem quiser retomar o estudo da (morfo)sintaxe.

Livros de introdução

Há, ainda, livros de introdução à linguística que apresentam capítulos específicos sobre sintaxe, semântica e morfologia, além de outras áreas de estudo da linguística. Vale a pena lê-los. Apresentamos a seguir algumas sugestões.

ILARI, R. Introdução ao estudo do léxico: brincando com as palavras. São Paulo: Contexto, 2002.

POSSENTI, S. Questões de linguagem: passeio gramatical dirigido. São Paulo: Parábola Editorial, 2011.

ROSA, M. C. Introdução à morfologia. São Paulo: Contexto, 2002.

Gramáticas tradicionais

Existem diferentes tipos de gramáticas disponíveis. As gramáticas tradicionais são as mais comumente estudadas nas escolas e têm pouca variação de uma para a outra. Listamos a seguir alguns títulos importantes.

ALMEIDA, N. M. de. Gramática metódica da língua portuguesa. 46. ed. São Paulo: Saraiva, 2010.

BECHARA, E. Moderna gramática portuguesa. 37. ed. Rio de Janeiro: Nova Fronteira, 2009.

CUNHA, C.; CINTRA, L. Nova gramática do português contemporâneo. 6. ed. Rio de Janeiro: Nova Fronteira, 2013.

LIMA, R. Gramática normativa da língua portuguesa. Rio de Janeiro: J. Olympio, 2010.

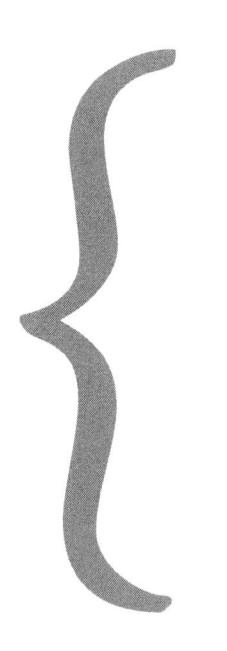

{

respostas

um

Atividades de autoavaliação

1. c, d
2. a
3. d
4. b
5. IV, II, III, I.

Atividades de aprendizagem

1. Resposta pessoal.
2. Resposta pessoal.
3.
a. **Substantivos:** Pedro, torta, maçã
   Verbo: comprou
   Artigo: uma
   Pronome: sua
   Preposições: de, para

b. **Substantivos:** menino, menina
   Verbo: ama
   Pronomes: aquele, essa
   Advérbios: muito, aqui

c. **Substantivos:** estudantes, prova
   Artigos: os, a
   Adjetivos: inteligentes, difícil
   Verbo: terminaram
   Advérbios: bem, cedo

d. **Substantivos:** diretor, empresa, eletrodomésticos, funcionários
   Artigos: o, a
   Numeral: cem
   Preposições: de, de
   Advérbio: ontem
   Verbo: demitiu

e. **Substantivos:** norma, norma, conceitos
Preposições: não há
Verbo: ser (são)
Conjunção: e
Adjetivos: culta, padrão, diferentes
4. Resposta pessoal

dois

Atividades de autoavaliação
1. c
2. F, V, F, F, V, V
3. Sintagma nominal (b, c)
Sintagma preposicional (e)
Sintagma adverbial (a, f)
Sintagma verbal (d)
4. I – c; II – a; III – b; IV – c; V – d; VI – c; VII – d; VIII – b; IX – d; X – d
5. a, b, d

Atividades de aprendizagem
1. Resposta pessoal.
2. Resposta pessoal.
3. Resposta pessoal.
4. Resposta pessoal.

três

Atividades de autoavaliação
1. b, c, e
2. a
3. IX, III, IV, VII, VIII, I, II, VI, V
4.
a. OSSS
b. OSSA
c. OSSOD
d. OSSCN
e. OSSP
f. OSSOI
5. a

Atividades de aprendizagem
1. O deslize está na falta de vírgula na segunda sentença; a sentença explicativa ficou restritiva e vice-versa.
2.
a. Terminando a tarefa, você pode sair para brincar.
b. Encontramos um bebê chorando na praça.
c. Gosto de alunos que têm um olhar crítico.
d. Machucada a mão, ela não pode mais costurar.
3. Resposta pessoal.

quatro

Atividades de autoavaliação
1. a
2. b
3. c
4. d
5. b
6. d

Atividades de aprendizagem
1. **p-família:**
   Asserção: João acha que Maria sabe que está grávida.
   Negação: João não acha que Maria sabe que está grávida.
   Interrogativa: João acha que Maria sabe que está grávida?
   Clivada: É João que acha que Maria sabe que está grávida.
2. São verdadeiras: "a", "d", "e", "f". Com base no texto, não se pode afirmar que "b" é verdadeira. As sentenças em "c" e "g" são falsas. O que mudaria: se, em vez de *desmentir*, tivéssemos *confirmar*, a sentença "g" seria verdadeira também.
3. Resposta pessoal.

cinco
Atividades de autoavaliação
1.
a. 1, 2
b. 6, 8
c. 3
d. 1, 2, 4
e. 1, 5, 7
f. 1, 9
g. 10
2. a, c
3. V, V, F, F, F, V

4.
a. S e A
b. S e T
c. O e P
d. O e T
5. c

Atividades de aprendizagem
1. Resposta pessoal.
2. Resposta pessoal.
3. Resposta pessoal.

seis
Atividades de autoavaliação
1. I – c; II – b; III – b; IV – c; V – a; VI – b; VII – b; VIII – b; IX – b; X – b
2. I – a; II – c; III – a; IV – a; V – c
3. a
4. b
5. d

Atividades de aprendizagem
1. Resposta pessoal.
2. É ambígua, porque *sua* pode se referir tanto ao antecedente [João] (João gosta da sua própria mãe) quanto à mãe de um possível interlocutor (João gosta da mãe da pessoa com quem o enunciador está falando).
3. Resposta pessoal.

{

sobre as autoras

❦ CINDY MERY GAVIOLI-PRESTES é doutora em Letras pela Universidade Federal do Paraná (UFPR). Atualmente, é professora adjunta na Unicentro, ministrando disciplinas que envolvem linguística e língua portuguesa. Tem realizado pesquisas na área de Sintaxe, Morfossintaxe e Gramática e Ensino.

❦ MARINA CHIARA LEGROSKI é doutora em Letras pela UFPR. Pesquisou os limites teóricos entre a semântica e a pragmática por meio de dados do português brasileiro e a questão de alguns quantificadores. Atualmente, é professora adjunta na Universidade Estadual de Ponta Grossa (UEPG), também no Paraná, onde atua como professora de Linguística e Língua Portuguesa para cursos de licenciatura em Letras.

Impressão:
Junho/2023